Sabyasachi Samanta

Kit de ferramentas de segurança integrado para imagem

Sabyasachi Samanta

Kit de ferramentas de segurança integrado para imagem

ScienciaScripts

Imprint

Cover image: www.ingimage.com

This book is a translation from the original published under ISBN 978-620-2-02786-1.

Publisher:
Sciencia Scripts
is a trademark of
Dodo Books Indian Ocean Ltd. and OmniScriptum S.R.L publishing group

120 High Road, East Finchley, London, N2 9ED, United Kingdom
Str. Armeneasca 28/1, office 1, Chisinau MD-2012, Republic of Moldova, Europe
Printed at: see last page
ISBN: 978-620-8-09684-7

Ferramenta de segurança integrada IouImagem

BY

Dr. Sabyasachi Samanta

Resumo

A ocultação de informação significa confidencialidade, acesso não autorizado ao conteúdo e indisponibilidade. A esteganografia é a arte e a ciência que oculta qualquer informação através de um suporte de cobertura adequado, como imagem, texto, áudio e vídeo. A marca de água digital é um tipo de marcador que é incorporado de forma oculta num sinal tolerante ao ruído, como a imagem, o áudio e o vídeo. É normalmente utilizada para identificar a propriedade dos direitos de autor. A criptografia é o método de conversão de texto simples em texto cifrado.

A criptografia visual é também um tipo de técnica criptográfica que permite cifrar a informação visual de tal forma que a descodificação pode ser efectuada pelo sistema visual humano sem a ajuda de computadores. Para uma comunicação segura através de meios de cobertura digitais, a aplicação em cascata da cifragem, da marca de água digital invisível/esteganografia e da criptografia visual pode constituir um dos melhores níveis de módulo de segurança no domínio da segurança da informação.

A esteganálise é a capacidade e a ciência de detetar mensagens ocultas a partir de um meio de cobertura de stego. Tenta encontrar mais informações no objeto de estego, como o tipo de algoritmo de incorporação, o comprimento da mensagem, o conteúdo da mensagem ou a chave secreta utilizada.

A contribuição deste livro é composta por cinco capítulos. Na primeira parte, foi introduzido o conceito de segurança da informação. No segundo capítulo, é descrita uma nova encriptação de dados, nomeadamente a MDE (Modulus Division Encryption). No capítulo três, foi desenvolvida uma nova metodologia de ocultação de informação no contexto da imagem, nomeadamente a NPP (Nonlinear Pixel Position). A metodologia desenvolvida foi comparada com as metodologias existentes baseadas em imagens, em termos de várias métricas de desempenho, como a capacidade de incorporação, o erro quadrático médio (MSE), a raiz do erro quadrático médio (RMSE), a relação sinal/ruído de pico (PSNR), a medida do índice de semelhança estrutural (SSIM), o coeficiente de correlação, a divergência K-L e a entropia de Shannon. Na continuação deste trabalho, foi elaborada uma metodologia criptográfica visual, nomeadamente a Criptografia Visual de Componentes para Imagem (acções

CVCI-8), juntamente com as comparações dos algoritmos existentes no capítulo quatro. O trabalho foi ainda alargado para desenvolver um novo kit de ferramentas de segurança integrado para imagens (ISTI), através da aplicação em cascata de três técnicas, nomeadamente a cifragem, a incorporação e a partilha.

ÍNDICE

Agradecimentos

Durante a realização deste estudo, tive a sorte de interagir com um grande número de pessoas que influenciaram a direção e a qualidade do meu trabalho. Em primeiro lugar, gostaria de exprimir a minha gratidão ao Prof. (Dr.) Goutam Sanyal e ao Prof. (Dr.) Saurabh Dutta pelos seus excelentes conselhos, orientação, apoio e cooperação. Incentivaram-me a explorar novas ideias. Esclareceram-me sobre como fazer investigação no domínio da criptografia, esteganografia e esteganálise. Estou muito grato pela sua paciência em supervisionar o meu trabalho.

Agradeço igualmente a todos os meus colegas do Department of IT, Haldia Institute of Technology (Haldia, Bengala Ocidental, ÍNDIA) por me terem aberto a mente a novas áreas do conhecimento e por me terem ajudado a concluir o meu trabalho de investigação.

O meu trabalho não seria possível sem a inspiração, o apoio e o amor constantes da minha família. Dedico o meu trabalho ao meu pai e à minha mãe, aos meus sogros e à minha mulher. Por último, mas não menos importante, agradeço vivamente aos meus amigos, especialmente a Shyamalendu Kandar, por ter as palavras certas que me encorajam a dar o meu melhor.

Haldia

Data-: agosto, 2017 Sabyasachi Samanta

Capítulo 1

Introdução à segurança da informação

1.1 Visão geral

A segurança da informação consiste em proteger os sistemas de informação contra o acesso, a utilização, a modificação ou a destruição não autorizados. Significa que os dados e os sistemas podem ser protegidos contra qualquer utilização indevida. Três dos principais conceitos de segurança da informação são a confidencialidade, a integridade e a disponibilidade. A confidencialidade é semelhante, mas não igual, à privacidade. A integridade refere-se à capacidade de impedir que os dados sejam alterados de forma não autorizada. A disponibilidade refere-se à capacidade de impedir o acesso não autorizado aos dados.

A esteganografia é a arte e a ciência de esconder mensagens. A palavra "esteganografia" tem origem nas palavras gregas *Steganos* (coberto) e *Graptos* (escrita). O sentido da palavra "esteganografia" refere-se normalmente a informação ou a um ficheiro que foi escondido dentro de um ficheiro digital de imagem, vídeo, áudio ou texto. O principal objetivo da esteganografia é bastante singular. Se uma pessoa visualizar o objeto digital, no interior do qual a informação está escondida, não terá qualquer ideia da existência da informação escondida. Por conseguinte, a pessoa não tentará decifrar a informação. A esteganálise tenta ler a informação oculta ou detetar a sua presença no ficheiro portador. Esteganologia é o termo genérico utilizado para designar tanto a esteganografia como a esteganálise em combinação.

A esteganografia e a criptografia são semelhantes num aspeto: ambas são utilizadas para proteger as informações contra o acesso não autorizado. Na esteganografia, apenas o emissor e o recetor sabem da existência da mensagem, ao passo que na criptografia, para além do emissor e do recetor, a existência da mensagem cifrada é literalmente tornada visível para todo o mundo. O método criptográfico apenas tenta proteger o conteúdo de uma mensagem, enquanto a esteganografia utiliza métodos que, para além de esconderem o conteúdo da informação, criam uma sensação de inexistência da informação de forma relativamente inteligente.

A marca de água digital é também o processo de incorporação de uma mensagem num sinal anfitrião. Uma marca de água pode ser visível ou invisível. Na marca de água visível, a informação torna-se visível na imagem, no vídeo ou na fotografia. É normalmente utilizada para logótipos ou texto. A marca de água digital invisível é um tipo de esteganografia que tem por objetivo ocultar informações através de um meio para comprovar a propriedade, a veracidade ou fornecer informações adicionais.

Numa comunicação secreta, se a mensagem for inicialmente cifrada e depois incorporada no suporte, é óbvio que se obtém uma camada avançada de proteção. Através de técnicas de cifragem, a mensagem é transformada em texto cifrado. A descodificação é o processo inverso, através do qual o texto cifrado é decifrado de volta à mensagem original.

O esquema de criptografia visual é também uma técnica criptográfica que permite encriptar informações visuais de forma a que a desencriptação possa ser efectuada pelo sistema visual humano sem o auxílio de computadores. Nas técnicas de criptografia visual, o portador (com informação secreta) é dividido em várias partes, em particular qualquer uma das quais não revela qualquer conhecimento sobre a informação secreta.

Para uma comunicação segura através de um sinal de cobertura digital, a implementação em cascata da cifragem, da marca de água digital invisível (ou esteganografia) e da criptografia visual pode constituir um dos módulos de segurança de mais alto nível no domínio da segurança da informação.

A esteganálise é a capacidade e a ciência de detetar mensagens ocultas a partir de um meio de cobertura de stego. Tenta encontrar mais informações a partir do objeto de estego, tais como o tipo de algoritmo de incorporação, o comprimento da mensagem, o conteúdo da mensagem ou a chave secreta utilizada.

1.2 Marca de água digital

A marca de água digital é o processo de incorporação de informação em conteúdos digitais como imagens, áudio, vídeo, texto, etc. O processo de incorporação inclui a modificação do sinal do meio de cobertura utilizando uma chave e produzindo um sinal composto com marca de água [1-2]. A autenticidade ou integridade é uma das principais caraterísticas da marca de água. A percetibilidade ou existência de informação no sinal de cobertura depende da natureza do processo de marca de água

[3-4].

A marca de água digital pode ser classificada em:

A. Visível

B. Invisível

A. Visível

Durante a marca de água digital visível, a mensagem é incorporada no objeto hospedeiro de tal forma que a marca de água é intencionalmente percetível para uma testemunha humana. Já no caso da marca de água digital invisível, os dados incorporados não são perceptíveis, mas podem ser extraídos ou detectados por um pacote de software [5]. A marca de água deve ser visível, mas não deve ser significativamente difícil de compreender os pormenores que lhe estão subjacentes.

B. Invisível

Uma técnica de marca de água invisível é constituída por um processo de codificação e um processo de descodificação. Um processo genérico de codificação de marca de água é representado por

$$X' = E_K(X, W)$$

Onde X é o dado de cobertura, W é a informação da marca de água a ser inserida, K é a chave de inserção do utilizador e E representa a função de inserção da marca de água. A variante com marca de água é representada por X'. A figura 1.1 apresenta uma ideia da técnica básica de marca de água.

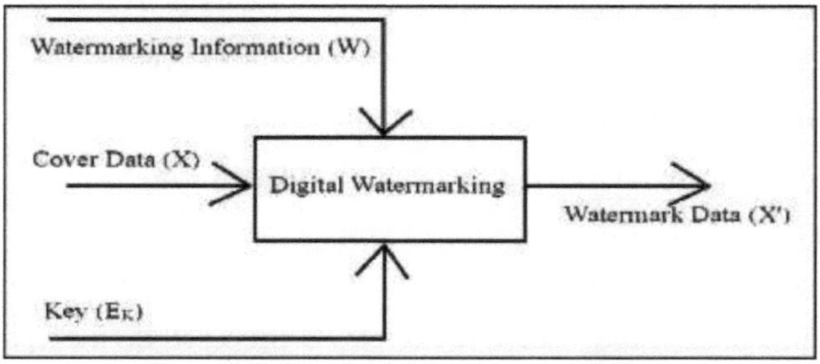

Figura 1.1: Técnica básica de marca de água

Utilizando a chave, o sinal com marca de água é descodificado e obtém-se a mensagem. A técnica de marca de água digital não requer a cobertura original durante o processo de extração, pelo que também é conhecida como técnica de marca de água cega.

1.3 Criptografia

A criptografia é a arte e a ciência de obter segurança através da codificação de mensagens para as tornar não compreensíveis.

Os dados originais ou iniciais não encriptados são designados por texto simples. A mensagem codificada que deve ser transmitida é designada por texto cifrado. O processo de conversão de texto simples em texto cifrado é conhecido como cifragem ou encriptação. A recuperação do texto simples a partir do texto cifrado é designada por decifração ou desencriptação. A área de estudo especializada que envolve muitos esquemas utilizados para a cifragem é conhecida como criptografia [6]. As técnicas utilizadas para decifrar uma mensagem sem qualquer conhecimento dos pormenores da cifragem constituem a área da criptoanálise. O domínio da criptografia e da criptanálise em conjunto é designado por criptologia.

Basicamente, existem dois tipos de criptografia:

A. Chave privada

B. Chave pública

A. Chave privada

O criptossistema de chave privada utiliza uma única chave para a cifragem e a decifragem. Se P é o texto simples, C é o texto cifrado e K é a chave, o algoritmo de cifragem EK(P) cria o texto cifrado a partir do texto simples. O algoritmo de desencriptação DK(C) cria o texto simples a partir do texto cifrado. A figura 1.2 mostra uma ideia do sistema de criptografia de chave secreta.

Figura 1.2: Sistema de criptografia de chave secreta

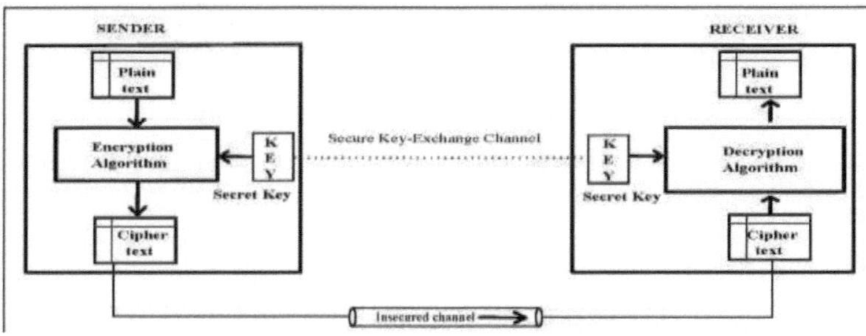

50, Encriptação: C= EK(P) e desencriptação: P= DK(C).

O criptossistema de chave privada tem os cinco ingredientes seguintes:

- **Plaintext:** A mensagem ou dados originais compreensíveis que são introduzidos no algoritmo de encriptação como entrada.
- **Algoritmo de encriptação:** O algoritmo de encriptação efectua várias substituições e transformações no texto simples.
- **Chave secreta:** A chave secreta é também a entrada para o algoritmo de encriptação. O algoritmo produzirá um resultado diferente dependendo da chave específica que estiver a ser utilizada no momento da encriptação.
- **Texto cifrado:** O texto cifrado é o resultado da encriptação efectuada sobre o texto simples através de um algoritmo. Depende também da chave secreta. Para uma dada mensagem, uma chave diferente produzirá dois textos cifrados diferentes. O texto cifrado é um fluxo de dados aparentemente aleatório e incompreensível.
- **Algoritmo de desencriptação:** O algoritmo de desencriptação é o inverso do algoritmo de encriptação. É necessário o texto cifrado e a chave secreta; consoante o algoritmo, produz o texto simples original.

B. Chave pública

Na criptografia de chave pública, o texto cifrado: C=f(K_{public}, P), o texto simples: P=g($K_{private}$, C). A Figura 1.3 dá uma ideia da criptografia de chave pública criptosistema.

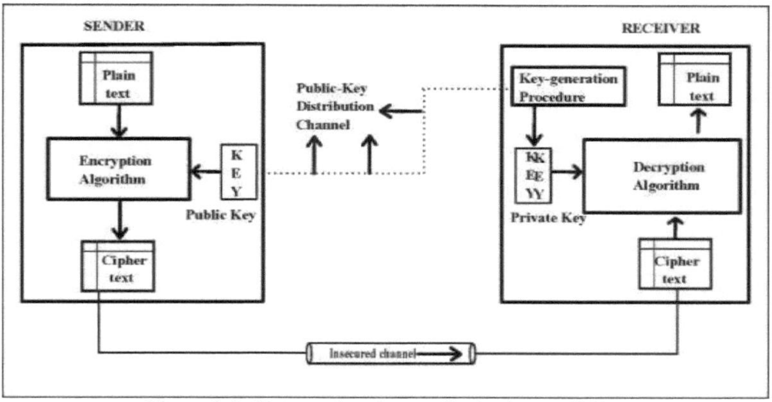

Figura 1.3: Sistema de criptografia de chave pública

1.4 Criptografia visual

A criptografia visual é outra tecnologia criptográfica emergente. Utiliza as caraterísticas da visão humana para decifrar imagens encriptadas. Não necessita de conhecimentos de criptografia nem de cálculos complexos. No processo de encriptação, utiliza a técnica de esconder uma imagem secreta num conjunto de transparências binárias ou acções, que se assemelham a ruído aleatório. No momento da desencriptação, a imagem secreta pode ser observada pelo sistema visual humano através da montagem de algumas dessas transparências ou acções [7-12].

A criptografia visual utiliza um esquema de partilha de segredos baseado numa estrutura de limiares $\{k, n\}$, em que n significa que uma imagem secreta será escondida em n transparências e k significa que, se amontoarmos pelo menos k ou mais de k transparências, reconstruiremos a imagem secreta em termos visuais [13]. A criptografia visual a preto e branco decompõe cada pixel de uma imagem secreta num bloco 2×2 nas duas transparências.

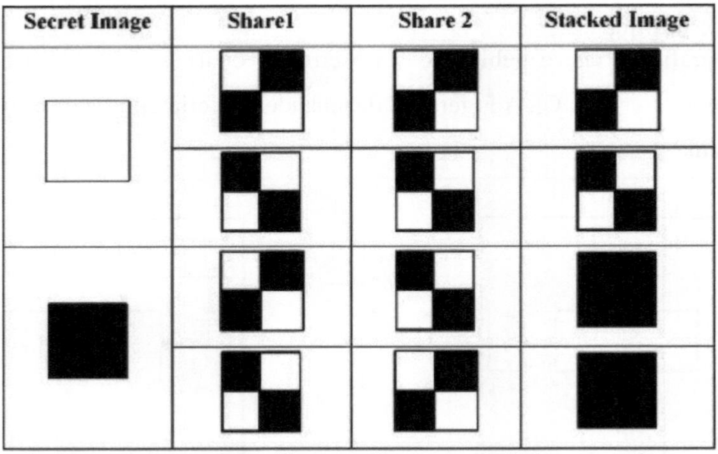

Figura 1.4: Esquema de partilha e empilhamento de pixels a preto e branco

Quando um píxel é branco, o método escolhe uma das duas combinações de píxeis brancos para formar o conteúdo do bloco nas duas transparências. Quando um pixel é preto, o método escolhe uma das outras duas combinações. Assim, as caraterísticas de dois pixéis empilhados são: preto e preto é preto, branco e preto é preto, e branco e branco é branco. A Figura 1.4 representa o esquema de partilha e empilhamento de pixels pretos e brancos.

1.5 Esteganografia

A esteganografia é a arte de esconder e transmitir dados através de suportes inócuos e de ocultar a existência dos dados. Como a presença de informação nos sinais portadores é reduzida, diminui a probabilidade de ser detectada [14] [41-42]. A Figura 1.5 apresenta uma visão geral do sistema esteganográfico.

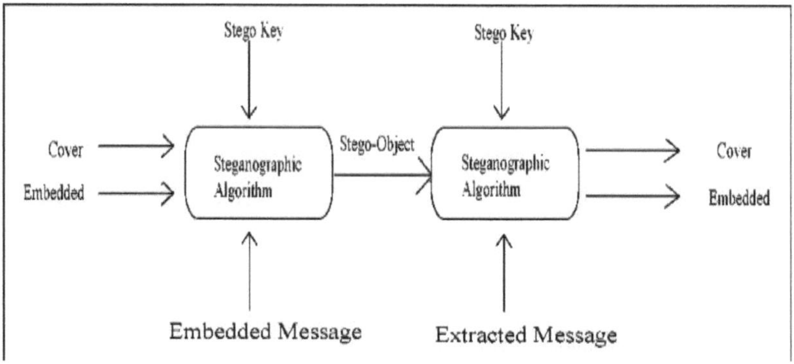

Figura 1.5: Sistema esteganográfico geral

1.5.1 Tipos de esteganografia no conjunto de dados

A maioria dos sistemas esteganográficos actuais utiliza objectos multimédia como meios de cobertura e transmite frequentemente informações seguras através de imagens digitais por correio eletrónico e outras comunicações via Internet. Dependendo da natureza do objeto de cobertura, a esteganografia pode ser dividida em cinco tipos:

I. Imagem II. Vídeo III. Áudio IV. Texto V. Protocolo

I. Imagem

A esteganografia de imagens é um dos métodos mais actuais. Utilizando o algoritmo de esteganografia, os dados podem ser incorporados numa ou mais posições de píxeis de uma imagem. Deste modo, a imagem transforma-se efetivamente numa imagem estégica a partir da imagem original [15-17]. A alteração significativa dos valores de vermelho, verde ou azul (para imagens a cores) ou da escala de cinzentos (para imagens a preto e branco) não afectará grandemente a imagem. Este tipo de esteganografia está relacionado com o domínio espacial. O domínio da frequência é outra forma de acrescentar informação à imagem. A transformada discreta do cosseno (DCT), a transformada rápida de Fourier (FFT) ou outras são as formas de esteganografia baseadas no domínio da frequência [18-19]. A Figura 1.6 exemplifica um procedimento genérico de esteganografia **de imagens**.

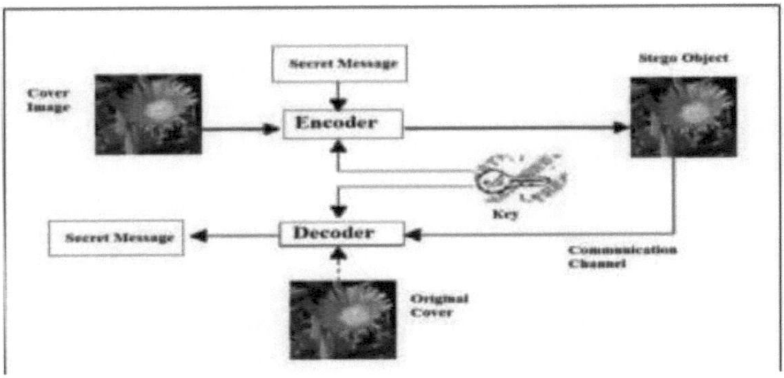

Figura 1.6: Forma genérica de esteganografia **de imagem**

II. Vídeo

Os vídeos são a coleção de um certo número de fotogramas ou imagens. Um maior número de fotogramas de imagem é transportado para o vídeo [19]. Além disso, a incorporação de uma grande quantidade de dados numa única ou em várias posições de fotogramas é relativamente fácil na esteganografia de vídeo. Assim, a maior parte das técnicas apresentadas para imagens e áudio pode ser aplicada a ficheiros de vídeo. A esteganálise de vídeo também se tornou bastante complicada, devido ao aumento do volume de dados [20-25]. A existência de um grande número de fotogramas torna impraticável para o atacante descobrir a informação oculta incorporada no vídeo portador.

III. Áudio

A esteganografia em áudio é outro método popular. Utilizando a esteganografia em áudio, podem ser incorporadas informações volumosas de forma robusta e inaudível. Mas um problema adicional na marca de água em áudio é o facto de se acreditar que o sistema audível humano (HAS) é muito mais sensível do que o sistema visível humano [26-28]. Consequentemente, a inaudibilidade é muito mais difícil de conseguir do que a invisibilidade das imagens. A Figura 1.7 apresenta uma indicação do sinal antes e depois do procedimento de codificação de fase.

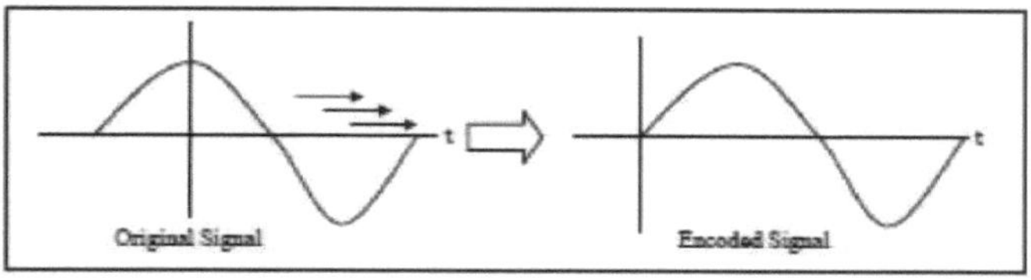

Figura 1.7: Os sinais antes e depois do procedimento de codificação de fase

IV. Texto

Os métodos de incorporação de informação em documentos de texto são utilizados há muito tempo pelos serviços secretos. O método de esteganografia de texto esconde informações no significado e na ordenação das palavras [29-30]. Assim, a informação não é realmente incorporada na informação existente, mas sim coberta por informação enganadora. A Figura 1.8 define o método genérico de esteganografia de texto.

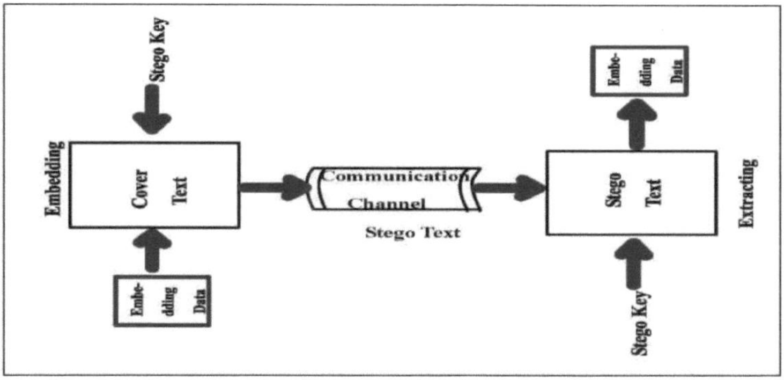

Figura 1.8: Forma genérica de esteganografia de texto

V. Protocolo

O termo esteganografia de protocolo refere-se à técnica de incorporação de informações nos protocolos de controlo de rede utilizados na transmissão em rede. Nas camadas de diferentes modelos de rede, existem canais secretos onde a esteganografia pode ser utilizada [31]. Um exemplo de onde a informação pode ser escondida é no cabeçalho de um pacote TCP/IP em alguns campos que são opcionais ou nunca são usados [32]. A Figura 1.9 mostra a estrutura geral do canal secreto no TCP/IP.

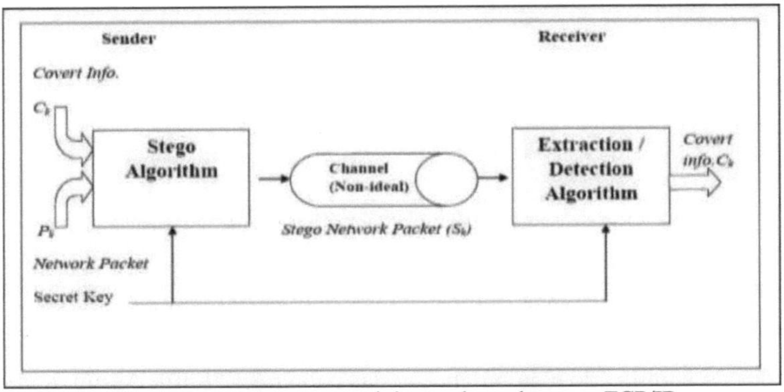

Figura 1.9: A estrutura geral do canal encoberto no TCP/IP

Relação entre criptografia, esteganografia e marca de água

o Criptografia - Oculta o conteúdo da mensagem, mas não a existência da mensagem.

o Esteganografia - Oculta a mensagem de modo a que um atacante não possa detetar a presença da mensagem no sinal portador.

o Marca de água - Oculta a mensagem de modo a que um atacante não possa adulterar a mensagem contida no sinal portador.

1.6 Esteganálise

A esteganálise é a arte de encontrar uma mensagem secreta a partir de um ficheiro portador (como imagem, texto, áudio e vídeo), escondida por algoritmos de esteganografia. O termo esteganálise é análogo a criptanálise. A esteganálise não considera a extração bem sucedida da mensagem escondida [33-35] [43]. Podemos dizer que a esteganálise analisa se um determinado conteúdo contém ou não uma mensagem secreta. A Figura 1.11 caracteriza o modelo das técnicas de esteganografia e esteganálise.

1.6.1 **Tipos de ataques utilizados pelo analisador de Stego**

A esteganálise baseia-se na combinação de stego-media, mensagem incorporada e ferramentas de esteganografia conhecidas pelo analisador de stego [36-39]. Os ataques associados são stego-only, known cover, known message, chosen stego, chosen message, known stego.

Ataque só de stego: No ataque stego-only, apenas o objeto stego está disponível para análise. Por outras palavras, apenas o portador de stego e a informação oculta estão disponíveis.

Ataque de cobertura conhecida: Neste tipo de ataque, o objeto-cobertura original é comparado com o objeto-furto. A imagem original e a imagem que contém a informação oculta estão disponíveis e são comparadas.

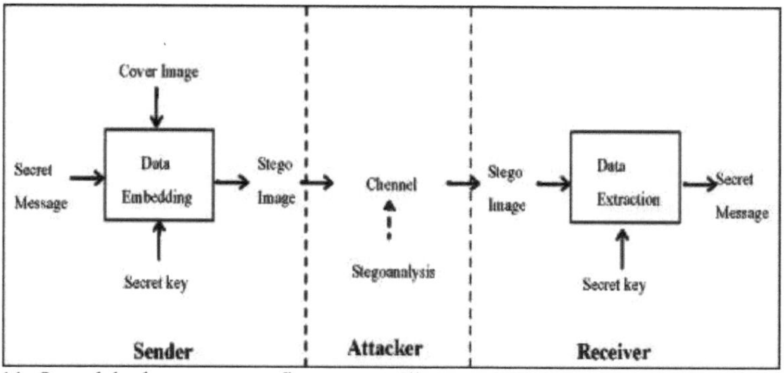

Figura 1.11: O modelo de esteganografia e esteganálise

Ataque de mensagem conhecida: No ataque de mensagem conhecida, o atacante pode conhecer a mensagem oculta. A análise de padrões conhecidos que correspondem a informações ocultas, o que pode ajudar a evitar ataques no futuro.

Ataque Stego escolhido: Neste tipo de ataque, os algoritmos de esteganografia e os objectos de stego são conhecidos.

Ataque de Mensagem Escolhida: O analisador de stego gera um objeto stego a partir de algum algoritmo de esteganografia utilizando uma mensagem escolhida. O objetivo deste tipo de ataque é determinar padrões correspondentes no objeto stego que possam indicar a utilização de algoritmos de esteganografia específicos.

Ataque Stego Conhecido: Neste tipo de ataque, a ferramenta ou o algoritmo de esteganografia é conhecido e tanto o objeto original como o objeto de stego estão disponíveis.

1.6.2 Diferentes abordagens de esteganálise

Existem três tipos de abordagens:

A. Ataques visuais

B. Ataques estruturais

C. Ataques estatísticos

A) Ataques visuais:

Os ataques visuais são normalmente considerados como a forma mais simples de esteganálise. Um ataque visual envolve principalmente o exame do ficheiro de conteúdo a olho nu para identificar quaisquer inconsistências perceptíveis. A regra mais importante da esteganografia é que qualquer modificação do sinal de cobertura não deve resultar numa degradação da qualidade ou, pelo menos, ser percetível para uma testemunha ocular humana. Uma boa implementação esteganográfica cria o objeto estégo que não é suspeito do que o trabalho de cobertura. Assim, para ataques visuais, não é uma metodologia ineficaz.

B) Ataques estruturais:

O ataque estrutural está normalmente relacionado com o tamanho do ficheiro portador. A disposição do ficheiro portador muda habitualmente à medida que os bits de dados vão sendo escondidos no seu interior. Esta caraterística das alterações estruturais pode detetar a existência de uma mensagem oculta no suporte. O ataque estrutural é, sem dúvida, mais importante para o analisador de stego do que o ataque visual.

C) Ataques estatísticos:

Os ataques estatísticos são muitas vezes preferíveis aos ataques visuais e aos ataques estruturais. Para determinar se um determinado fenómeno ocorre aleatoriamente num conjunto de dados ou não, é possível recorrer à estatística na ciência matemática. A ideia subjacente ao ataque estatístico é comparar a distribuição de frequências teoricamente esperada na portadora de stego com alguma distribuição de amostras observada no meio portador possivelmente alterado. Pfitzman e Westfield [40] introduziram o poderoso ataque estatístico que pode ser aplicado a qualquer técnica esteganográfica, através do qual um conjunto fixo de pares de valores (PoVs) são invertidos no momento da incorporação dos bits da mensagem.

1.7 Conclusão

Neste capítulo, foram descritos alguns conceitos gerais de marca de água, esteganografia e criptografia. Também foram explicados conceitos básicos de criptografia visual. Este capítulo também aborda uma breve visão geral das técnicas de esteganálise.

Capítulo 2

Encriptação de dados

2.1 Visão geral

A encriptação é utilizada para converter os dados numa forma não compreensível ou ilegível. Ajuda a proteger os dados durante o envio do remetente para o destinatário. Do lado do destinatário, os dados podem ser desencriptados e voltar à sua forma original. O conceito de criptografia requer algumas informações adicionais para encriptar e desencriptar os dados. Esta informação é conhecida como chave. Pode haver algumas ocorrências em que uma chave semelhante pode ser utilizada tanto para a encriptação como para a desencriptação. Em certos casos, o algoritmo criptográfico pode exigir chaves diferentes. Nas últimas décadas, os investigadores desenvolveram novos modelos de técnicas de encriptação/desencriptação. Com o progresso e o desenvolvimento da investigação no domínio da ocultação de informações, existem algumas teorias, técnicas e algoritmos estabelecidos. Os investigadores utilizam diferentes metodologias para obter um melhor desempenho e melhorar o carácter secreto do sistema. Continua a ser necessário desenvolver técnicas criptográficas melhoradas para proteger os dados.

Neste capítulo, na secção 2.2, foi abordada a cifragem por divisão de módulo. A secção 2.3 apresenta uma conclusão.

2.2 Encriptação por divisão de módulo (MDE)

A encriptação por divisão de módulo (MDE) é uma técnica recentemente desenvolvida para a encriptação de dados. O texto tomado como entrada é codificado no seu equivalente binário ASCII-8. Também é utilizada uma chave (K) com 6 dígitos. Em seguida, os valores ASCII-8 correspondentes são obtidos para cada carácter ou dígito e adicionados a cada um deles. O valor total da chave é dividido por oito e é gerado um lembrete. Dependendo do lembrete, a cifragem é processada (figura 2.2). No momento da cifragem, são retirados três bits dos dados e substituídos de acordo com a roda de encriptação. Cada bloco de três bits é substituído por um círculo de cifragem. Os bits de dados cifrados são novamente divididos em blocos de 8 bits e nth bits deslocados para a esquerda ou para a direita. Se o lembrete for ímpar, é efectuada a deslocação para a esquerda. Caso contrário, é efectuada a deslocação para a direita. Se o lembrete for zero, não é efectuada qualquer deslocação. A figura 2.1 representa o fluxograma do processo de cifragem e decifragem utilizando a técnica MDE e a figura 2.2 simboliza a roda do processo.

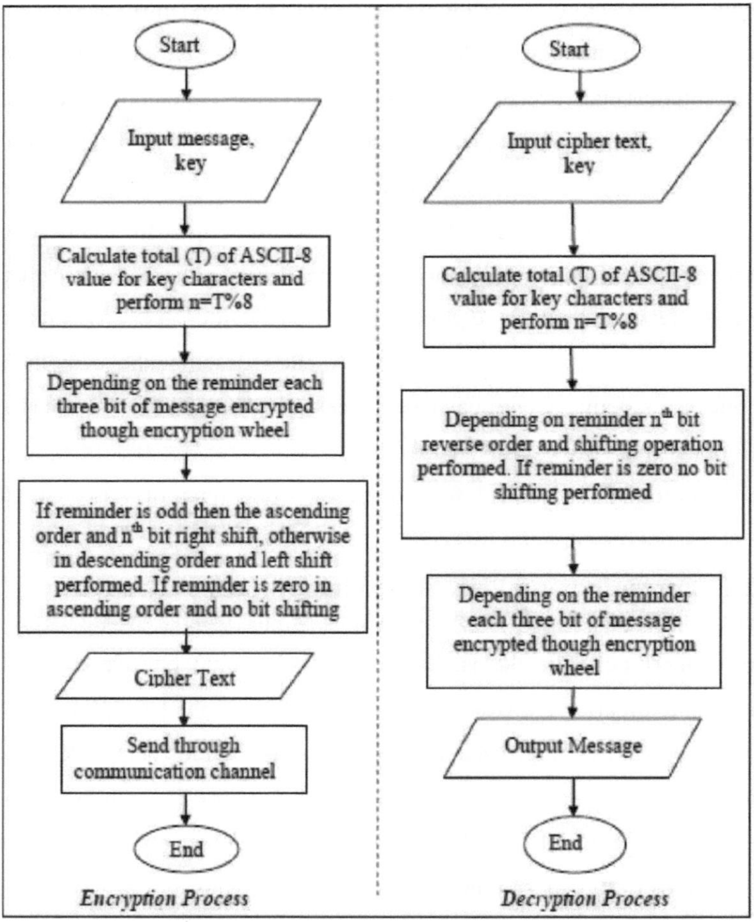

Figura 2.1: Diagrama de fluxo para encriptação/desencriptação utilizando MDE

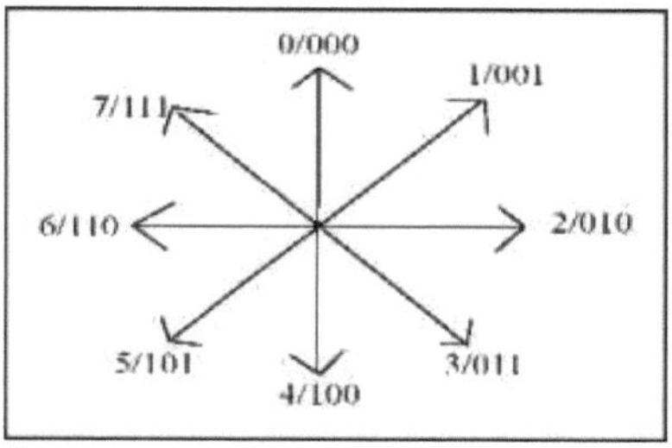

Figura 2.2: Roda de encriptação

O algoritmo de cifragem e de decifragem foi apresentado, respetivamente, nas secções 2.2.A e 2.2.B. A secção 2.2.C destaca a aplicação da técnica e a análise comparativa com outros algoritmos existentes. Na secção 2.2.D, é apresentada uma análise dos resultados.

A. Técnica de encriptação

Segue-se a apresentação passo a passo da técnica utilizada para efeitos de encriptação:

Etapa I: Receber os dados de entrada (texto simples) e calcular o comprimento (MI) da mensagem.

Etapa II: Converter o comprimento no seu equivalente binário de 8 bits. Armazenar esses bits de dados na matriz de encriptação (Arr[]) como LSB a MSB, respetivamente.

Passo III: Converter também cada carácter do texto simples no seu equivalente binário ASCII-8 e armazenar em Arr[].

Etapa III: Selecionar a chave alfanumérica (K). Calcular o total (T) do valor ASCII-8 para os caracteres-chave e efetuar n=T%8.

Passo IV: Dependendo do lembrete, através da divisão do módulo por oito, cada três bits de Arr[] são encriptados. Se o lembrete for ímpar, é efectuada a operação de deslocamento à direita por ordem crescente e n^{th} bits. Caso contrário, é efectuada a operação de ordem decrescente e de deslocamento à esquerda. Se o lembrete for zero, então a operação é efectuada por ordem crescente e sem deslocação de bits.

Etapa V: Armazenar os valores binários codificados a partir dos caracteres numa matriz, de LSB a MSB.

Etapa VI: Repetir as etapas IV a V para i=1 a Ml.

Etapa VII: Parar.

B. Técnica de desencriptação

Segue-se a apresentação passo a passo da técnica utilizada para efeitos de desencriptação:

Passo I: Pegar nos elementos da matriz decifrada e calcular o comprimento (MI).

Etapa II: Pegar na chave (K) e dividir os caracteres alfanuméricos (Kc) nos seus dígitos ou caracteres decimais individuais.

Passo IV: Calcular o total (T) do valor ASCII-8 para os caracteres-chave e efetuar n=T%8.

Etapa V: Obter o equivalente binário de 8 bits de Darr[].

Etapa VI: Se o lembrete for ímpar, é efectuada a ordem crescente e a operação de deslocamento à direita de n^{th} bits. Caso contrário, é efectuada a operação de ordem decrescente e de deslocamento à esquerda. Se o lembrete for zero, então a ordem é crescente e não há deslocação de bits.

Etapa VII: Em função do lembrete através da divisão do módulo por oito, cada três bits de Darr[] são desencriptados.

Etapa VIII: Repetir da etapa V à etapa VII para i=1 a MI.

Etapa IX: Finalmente, os caracteres são colocados um a um na mensagem original.

Passo X: Parar.

C. Aplicação com resultados experimentais

Nesta secção, o texto simples anterior (P) "IMAGE VISION" é tomado como paradigma.

Personagens	Valor binário ASCII-8 equivalente	Valor binário após encriptação
I	01001001	01101101
M	01001101	11011111
A	01000001	10001000
G	01000111	01101000
E	01000101	10001110
<espaço>	00100000	01000100
V	01010110	11101000
I	01001001	10010010
S	01010011	01110111
I	01001001	11011011
O	01001111	10010000
N	01001110	01110010

Tabela 2.1: Encriptação de caracteres utilizando MDE

A tabela 2.1 contém os valores binários de antes e depois do processo de cifragem. A figura 2.3 mostra o diagrama esquemático da técnica de encriptação e desencriptação. A Tabela 2.2 é acumulada com o tempo de encriptação/desencriptação utilizando MDE. A figura 2.4 apresenta graficamente a relação entre o tamanho da fonte e o tempo de encriptação e desencriptação. A Tabela 2.3 apresenta o resultado comparativo do valor do qui-quadrado entre as técnicas MDE e RSA para diferentes tamanhos de fonte. A Figura 2.5 ilustra a comparação graficamente. Juntando a sequência original, a fonte (P) e o fluxo de bits cifrado (C) são representados da seguinte forma

P=01001001/01001101/01000001/01000111/01000101/00100000/0101011
0/01001001/01010011/01001001/01001111/01001110

C=01101101/11011111/10001000/01101000/10001110/01000100/111010
00/10010010/01110111/11011011/10010000/01110010

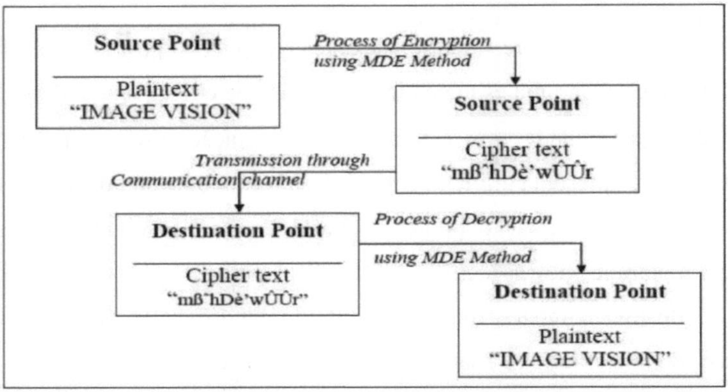

Figura 2.3: Diagrama esquemático da técnica de encriptação/desencriptação para MDE

Ficheiro de origem	Ficheiro encriptado	Tamanho da fonte (número de caracteres)	Tempo de encriptação (ms)	Tempo de desencriptação (ms)	Valor do qui-quadrado
S1.txt	E1.txt	100	0.070000	0.030000	100
S2.txt	E2.txt	500	0.310000	0.230000	224
S3.txt	E3.txt	1000	0.430000	0.390000	224
S4.txt	E4.txt	2000	0.830000	0.760000	224

Tabela 2.2: Tempo de encriptação/desencriptação da MDE

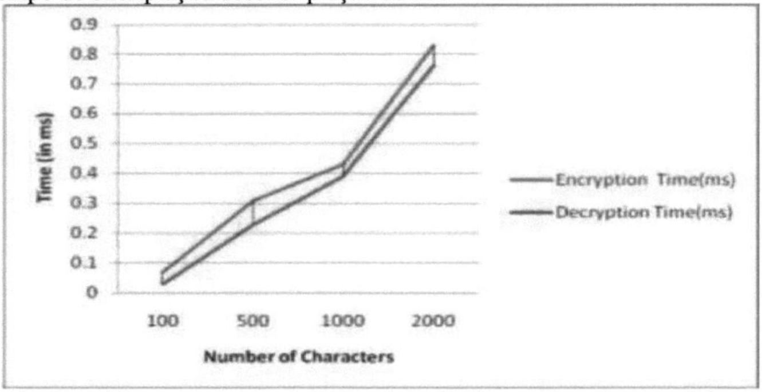

Figura 2.4: Relação gráfica entre o tempo de encriptação/desencriptação para diferentes tamanhos de fonte (.txt) utilizando MDE

Tamanho da fonte (número de caracteres)	Valor do Qui-Quadrado	
	MDE	RSA
100	56.00	182.311783
200	112.00	367.577179
1000	547.00	1855.636230
2000	2656.00	4143.997559

Tabela 2.3: Resultados comparativos entre MDE e RSA para diferentes tamanhos de fonte

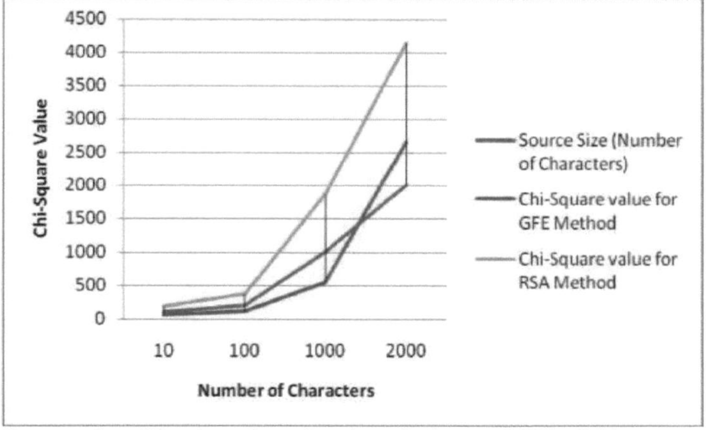

Figura 2.5: Comparação gráfica dos valores de qui-quadrado entre MDE e RSA

D. Análise dos resultados

Os bits de dados estão a ser encriptados utilizando o lembrete da divisão do módulo do valor dos caracteres-chave. Aqui, apenas três bits de dados são tomados como um bloco de dados. Qualquer pessoa pode utilizar blocos de dados com maior ou menor número de bits de dados e de caracteres-chave. Se for utilizado um maior número de bits de dados, surgirá um menor número de execuções. Os valores do qui-quadrado para o MDE e o RSA mudam de forma irregular, tal como antes, com a alteração do número de caracteres, o que demonstra que as técnicas desenvolvidas produzem um conjunto irregular de dados no momento da geração do texto cifrado, tal como o procedimento anterior bem conhecido.

2.3 Conclusão

Este capítulo inspecciona o desempenho de várias técnicas desenvolvidas com base na encriptação de dados. O valor do qui-quadrado para todas as técnicas recentemente desenvolvidas muda de forma irregular com a alteração do tamanho do documento, tal como a encriptação RSA. A política de cifragem recentemente desenvolvida realiza uma geração de palavras secretas comparável à de algumas técnicas criptográficas bem conhecidas. Para os processos acima referidos, será completamente impossível descobrir a informação original ou recuperar o texto de cobertura a partir do texto cifrado sem utilizar a chave de segurança específica.

Capítulo 3

Metodologia de ocultação de informação baseada em imagens

3.1 Visão geral

Neste capítulo, é abordada a técnica esteganográfica baseada na imagem para esconder a informação. Nos últimos anos, os investigadores desenvolveram novos modelos, técnicas e algoritmos relacionados com diferentes técnicas de ocultação de informação através da imagem. Os investigadores utilizam diferentes metodologias para obter um melhor desempenho e melhorar a confidencialidade do sistema. A maioria dos trabalhos existentes limita-se à incorporação linear de bits de dados sem utilizar a chave ou os bits de dados incorporados a partir da posição inicial do pixel da imagem. Continua a ser necessário desenvolver várias técnicas de ocultação de informação, de forma não linear, através de uma chave secreta para toda a imagem. Para a nova técnica de ocultação de informação baseada na imagem, foram consideradas a capacidade de incorporação e a impercetibilidade para diferentes rácios de incorporação da imagem estéril. O método também foi posteriormente comparado com várias métricas de desempenho.

Na secção 3.2, foi abordada a metodologia de ocultação de informação baseada na imagem, nomeadamente a Posição Não Linear do Pixel (NPP). É abordada sobretudo a técnica NPP-2 bit com a sua análise resultante. Na secção 3.3, é apresentada uma conclusão.

3.2 Posição não linear do pixel (NPP)

Neste segmento, foi proposta uma técnica para incorporar a mensagem sobre toda a imagem em posições de pixel não lineares. Os dados do texto ou da mensagem são codificados no seu equivalente binário ASCII-8. Utilizando este método, os bits de dados não são incorporados linearmente na imagem portadora ou em posições consecutivas de píxeis. Os bits de dados são incorporados arbitrariamente em toda a imagem através de uma chave. A chave é considerada uma chave privada, ou seja, semelhante à do emissor/recetor. Utilizando a chave, são geradas as posições dos píxeis da imagem. Também as posições arbitrárias dos bits dos pixels selecionados são escolhidas através dessa chave. A chave pode ser constituída por caracteres alfanuméricos. Utilizando a função exponencial, os números de ponto flutuante com valores exponenciais são gerados a partir da chave. A figura 3.1 representa o diagrama de fluxo da metodologia NPP.

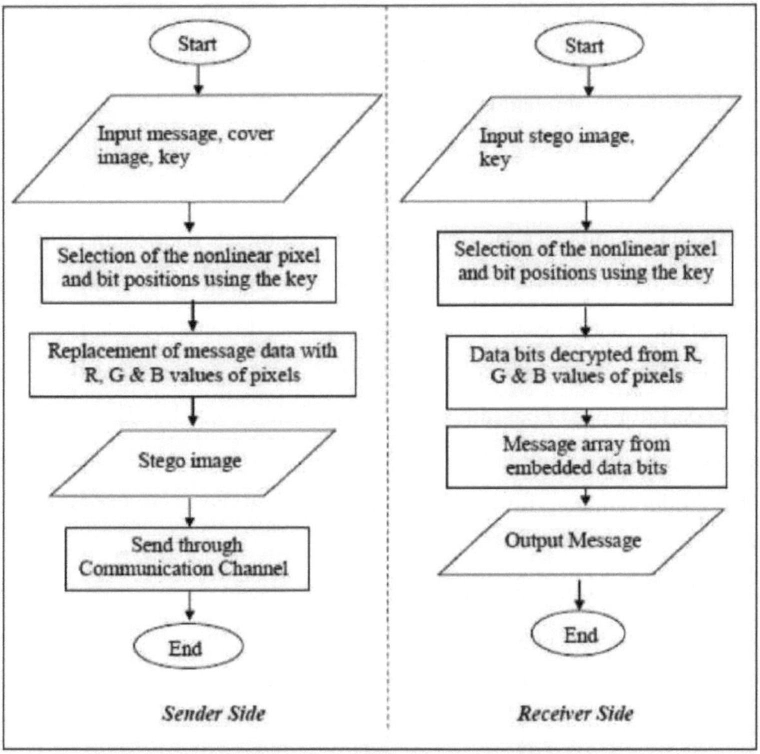

Figura 3.1: Diagrama de fluxo para a central nuclear

A partir da chave apenas com dígitos numéricos, os valores exponenciais (com mantissa de sete dígitos) são gerados pela função de potência habitual e guardados num ficheiro de texto. Dos sete dígitos até à posição exponencial (E), os primeiros três dígitos são utilizados para a posição da altura da imagem. Do mesmo modo, os três dígitos seguintes são utilizados para a posição da largura. O dígito menos significativo é utilizado para a posição dos bits do valor do pixel. Através da divisão por módulo com os valores gerados a partir do resultado exponencial e da largura e altura da imagem, são geradas as posições reais dos pixels. Além disso, a posição não linear dos bits do pixel é selecionada por divisão por módulo com o último dígito do valor exponencial e vai até às posições dos bits dos dados a incorporar. No caso das imagens em escala de cinzentos, os bits de dados são incorporados nas posições de bits selecionadas do valor de cinzento (equivalente binário). No caso das imagens a cores, os bits de dados são incorporados inteiramente em valores (equivalentes em binário) de vermelho, verde e azul (RGB). No momento da digitação alfanumérica, são adicionados os valores ASCII-8 correspondentes e, a partir daí, são gerados os valores exponenciais e as posições dos píxeis.

A figura 3.2 representa uma imagem LENA.jpg (128x 128). As imagens de LENA, MOSLAISA, PEPPER, etc. são muito populares porque são utilizadas como imagens de suporte. Dependendo do tamanho da imagem, são selecionadas as posições dos pixels. O método NPP é aplicável aos formatos de imagem .png, .gif, .bmp e .jpg com um tamanho de imagem sensível.

Figura 3.2: Imagem LENA

A Tabela 3.1 é tabulada com as posições de píxeis selecionadas utilizando o método NPP. A Tabela 3.2 exemplifica a atribuição de bits de dados às posições de pixel selecionadas. A Figura 3.3 simboliza o ficheiro .txt com as posições de pixel geradas utilizando a chave. As figuras 3.4 e 3.5 representam a amostra de posições de píxeis selecionadas para imagens a cinzento e a cores, respetivamente.

(Chave, i)	Valor	Divisão do módulo	Posição do pixel	Posição do bit
7124,1	7124000E-03	(712%128, 400%128)	(72,16)	LSB
7124,2	5075138E01	(507%128, 513%128)	(123,1)	LSB
7124,30	3816957E109	(381%128, 695%128)	(125,55)	4th LSB

Tabela 3.1: Seleção de posições de pixel e bit utilizando NPP

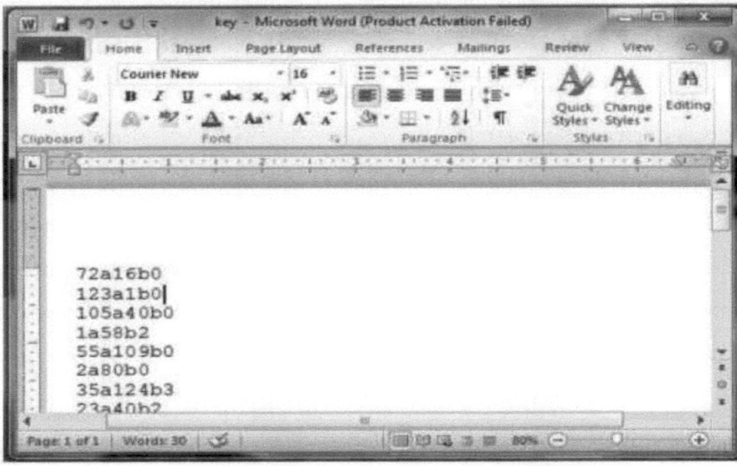

Figura 3.3: Ficheiro de documento com posições de pixéis geradas utilizando a chave

Posição do pixel	Posição do bit	Bits de dados	
		Imagem em escala de cinzentos	Imagem a cores
(72,16)	LSB	Arr[1]	Arr[1] para R Arr[2] para G Arr[3] para B
(123,1)	LSB	Arr[2]	Arr[4] para R Arr[5] para G Arr[6] para B:
(125,55)	4th LSB	Arr[30]	Arr[88] para R Arr[89] para G Arr[90] para B

Tabela 3.2: Atribuição de bits de dados a posições de pixel selecionadas

234/155/142	227145,131	230/144/127	231/142/124	231.140/121	232/141'123	229/138/120
210 111/105	211/110/102	212/114/113	211/113/110	211/111/109	211/112/107	213111/107
196/91/98	158⁄64·'88	157/62/84	167/70/89	174/73/89	175/74/88	167.·70⁄89
203/99/96	203/99/96	203/99/96	203/99/96	203/99/96	203/99/95	203/99/96
206'103/98	206'103/98	206/103/97	206/103/95	206 103.96	203.'103b98	205al03b97
202/104/103	202.104100	202/104/95	202/10493	202/104/101	202'104'101	203 104/103
198/95/96	198/98/96	199/95.96	197/95/98	198/90/96	198/97/97	199⅛5r96
222/131/110	222/131/10	222/130/110	222/131/109	222/131-·112	223/131/110	222/131.111

Figura 3.5: Posições de pixel selecionadas para imagem a cores utilizando NPP

Utilizando este método a partir dos valores-chave exponenciais, são calculadas as posições arbitrárias. Utilizando um valor-chave de três dígitos, é possível gerar um máximo de 102 valores duplos exponenciais corretos (utilizando a linguagem C, C++ ou JAVA). Utilizando esses valores, também é possível traçar um máximo de 102 posições de píxeis na imagem portadora. No caso de uma imagem a cores, se for incorporado um bit em cada um dos componentes RGB, é possível colocar um máximo de 306 bits. Se forem incorporados dois bits em cada um dos componentes RGB, é possível colocar um máximo de 612 bits, e assim sucessivamente. Para a imagem em escala de cinzentos, se for incorporado um bit de dados em cada um dos valores de nível de cinzento, é possível implantar um máximo de 102 bits. Se forem incorporados dois bits em cada valor de cinzento, são possíveis 204 bits, etc. Quanto mais dados forem incorporados em posições de píxeis não lineares, a qualidade da imagem degradar-se-á proporcionalmente. Para gerar mais posições de píxeis utilizando a mesma chave, utilizou-se a permutação de dígitos-chave (não utilizando dígitos-chave semelhantes) e produziram-se mais combinações de chaves. Utilizando esses valores, é gerado um maior número de posições de píxeis. Se dois valores forem semelhantes nas posições de pixel e de bit, a posição de bit mais elevada da mesma posição é utilizada para os dados da matriz posterior. Se houver mais posições semelhantes, é gerado um valor de erro para a entrada da chave. A Tabela 3.3 dá-lhe uma ideia do número máximo possível de posições de píxeis utilizando a chave.

No caso de uma tecla alfanumérica, os valores ASCII de cada um dos caracteres são adicionados para produzir um valor numérico. Para obter uma tecla com 3 dígitos numéricos, são necessários pelo menos 4 caracteres ASCII (do teclado). Para obter um valor numérico de 4 dígitos (como o carácter "!" com o valor decimal ASCII 33) utilizando os caracteres alfanuméricos, são necessários pelo menos 31 caracteres. Se for utilizado um maior número de caracteres, é possível obter um valor-chave com 4 ou mais dígitos. Utilizando esta técnica, é possível dizer que o algoritmo "chave com comprimento variável".

A limitação deste método desenvolvido é que, se alguém utilizar um maior número de 0's consecutivos ou dígitos semelhantes, produz combinações semelhantes no momento da geração do valor exponencial. A parte da mantissa dos valores exponenciais resultantes torna-se bastante semelhante para um número máximo de circunstâncias. Como resultado, produz posições de pixéis semelhantes que causam o erro no momento da incorporação dos dados. Além disso, a utilização de dígitos semelhantes para a chave produz as mesmas combinações de chaves. Consequentemente, é possível um menor número de combinações de chaves. Um menor número de combinações de chaves produz um menor número de posições de píxeis e de incorporação de dados. Isto também pode ser resolvido utilizando um conjunto de chaves tanto no emissor como no recetor. Tal como anteriormente, ao utilizar diferentes conjuntos de chaves, é possível gerar diferentes conjuntos de posições de píxeis.

Número de dígitos de uma chave	Chave máxima Combinação de valores	Geração de valor exponencial máximo utilizando um valor	Máximo Posições do pixel
3	6	102	612
4	24	77	1848
5	120	61	7320
6	720	51	36720
7	5040	44	221760

Tabela 3.3: Geração de posições de pixéis viáveis utilizando a chave

3.2.1 Algoritmo para incorporação e extração de dados

Apenas um bit de dados foi incorporado em cada um dos componentes RGB dentro de 4 posições LSB para a imagem a cores no método NPP. Para a imagem em escala de cinzentos, também foram incorporados bits de dados semelhantes em posições de pixel predefinidas dos valores da escala de cinzentos. As técnicas de incorporação e extração de dados utilizando o método NPP foram apresentadas na secção 3.2.1 A e 3.2.1.B, respetivamente.

A. Algoritmo para incorporação de dados

Segue-se a apresentação passo a passo da técnica utilizada para efeitos de incorporação de dados na imagem:

a. Criação de uma matriz a partir da mensagem

Passo I: Receber a mensagem de entrada e calcular o comprimento (Ml).

Etapa II: Converter Ml no seu equivalente binário de 8 bits (para um máximo de 256 caracteres) e armazenar os bits de dados na matriz (Arr[]) de LSB a MSB, respetivamente.

Etapa III: Converter cada carácter em equivalente ASCII-8 e armazená-lo numa matriz de dados (Arr[]).

Etapa IV: Repetir a etapa III para i=1 a Ml.

Etapa V: Parar.

b. Seleção das posições dos pixels não lineares com a tecla

Passo I: Pegue no valor de Arr[size] para calcular o número de pixéis necessários (P). Assim, P= (ceil (tamanho /3)).

Etapa II: Pegar na chave (K) e calcular o valor da função F(x, y) = K^P [ou seja, pow (K, P)].

Passo III: Armazenar os valores exponenciais, um a um, num ficheiro.

Etapa IV: Repetir as etapas II a III para i= 1 a P.

Passo V: Ler os valores até "e" e guardar os três dígitos mais significativos em Arrx[P], os três dígitos seguintes em Arry[P] e o último dígito significativo em Arrz[P].

Etapa VI: Repetir a etapa V até ao fim do ficheiro.

Etapa VII: Parar.

c. Substituição dos elementos da matriz pelos valores R, G e B dos pixéis

Passo I: Calcular a largura (w) e a altura (h) da imagem.

Passo II: Definir x=Arrx[P] e y=Arry[P].

Passo III: Para selecionar a posição do pixel na imagem, comparar o valor de x e y com o valor de w e h (em que a posição do pixel endereçável é (0, 0) a (w-1, h-1)).

a) Se (x >(w-1)) ou (y >(h-1)) então

Conjunto P (x, y) = P (0+(x %(w-1)), (0 +(y %(h-1)))

Caso contrário, definir P (x, y) = (x, y).

Etapa IV: Selecionar a posição do bit (b) do pixel selecionado, ou seja, o bit em que os dados da matriz serão substituídos. Definir z =Arrz[P].

i) Se (z%4=0) então b=1st LSB

ii) Se (z%4=1) então b=2nd LSB

iii) Se (z%4=2) então b=3rd LSB

Caso contrário, b=4th LSB de cada R, G & B de um pixel.

Passo V: Os bits de dados de Arr[] são substituídos na posição de bit correspondente de cada RGB e os pixéis são reformados.

Etapa VI: Repetir as etapas II a V para i=1 a P.

Etapa VII: Parar.

B. Algoritmo de extração

Segue-se a apresentação passo a passo da técnica utilizada para efeitos de remoção de dados da imagem:

Etapa I: Para obter a posição do pixel e do bit em R, G e B dos pixéis selecionados, percorrer as etapas I a VI do Algoritmo 3.2.1.A.b e I a VI do Algoritmo 3.2.1.A.c.

Etapa II: Recuperar os bits encriptados das posições de bits selecionadas dos pixels selecionados e armazená-los na matriz de dados de Darr[], respetivamente.

Passo III: Para obter o comprimento, repetir os passos II a IV para i= 1 a 3 vezes (uma vez que cada pixel contém três bits de dados).

Passo IV: Tomando os bits de dados de Darr[1] como LSB e Darr[8] como MSB, calcula-se o comprimento (L) da mensagem.

Etapa V: Calcular o tamanho da matriz (S=((L*8)+8)) e o número de pixéis afectados (P=ceil (tamanho /3)).

Etapa VI: Repetir as etapas I a II para i=1 a P e armazenar os bits de dados em Darr[S].

Etapa VII: A partir dos elementos da matriz Darr[], atribuir os bits de dados LSB a MSB, respetivamente, e calcular o valor ASCII-8.

Etapa VIII: Finalmente, colocar os caracteres um a um para montar a mensagem original.

Etapa VII: Parar.

1) NPP- 2 bit Implementação

No método NPP-2 bit, um par de bits de dados é retirado da matriz e incorporado na posição de bit selecionada das últimas cinco posições LSB. Para as imagens a cores, os bits de dados são incorporados em cada um dos valores RGB. A implementação para imagens a cores e em escala de cinzentos utilizando o método NPP-1 bit foi apresentada na secção 3.2.1.A e 3.2.1.B, respetivamente. A implementação do método NPP-2 bits é idêntica à do método NPP-1 bits, com exceção de um par de bits de dados que é implementado nas últimas cinco posições LSB.

Imagens a cores

Tal como descrito no capítulo 3, qualquer resultado de esteganografia pode ser avaliado em função de dois critérios. Um deles é a carga útil ou a capacidade de esconder dados na imagem portadora e o outro é a superioridade ou impercetibilidade da imagem estégica. A Figura 3.6 representa o princípio de funcionamento do NPP-2 bit para imagens a cores. A Tabela 3.4 apresenta o desempenho do método NPP-2 bit para imagens a cores. A figura 3.7 representa a imagem de cobertura e a imagem stego de LENA após a incorporação de 500 caracteres. A Figura 3.8 mostra o histograma da

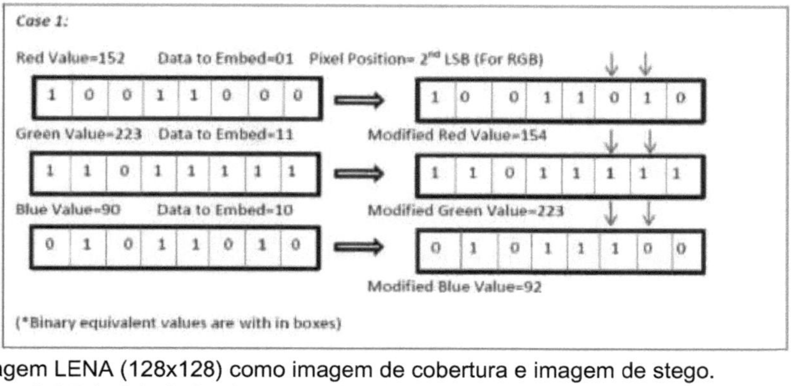

imagem LENA (128x128) como imagem de cobertura e imagem de stego.

Figura 3.6: Princípio de funcionamento do bit NPP-2 para imagens a cores

Cor Imagens	Métricas de desempenho	Número de caracteres 10	100	200	500
LENA (128x128)	PSNR	57.2190	50.1686	48.8994	46.7911
	MSE	0.0152	0.3912	0.7019	1.8532
	RMSE	0.1233	0.6254	0.8337	1.3613
	SSIM	0.9999	0.9999	0.9998	0.9995
	Correlação cruzada	1.0000	0.9999	0.9999	0.9999
	UIQI	0.9999	0.9999	0.9998	0.9995
	Entropia	7.2779	7.2786	7.2793	7.2803
	Divergência K-L	9.1256E-6	9.8666E-5	2.0388E-4	5.2539E-4
MONALISA (128x128)	PSNR	54.1677	50.2087	48.7557	46.6074
	MSE	0.0620	0.3840	0.7489	0.8029
	RMSE	0.2490	0.6197	0.8659	0.8960
	SSIM	0.9999	0.9998	0.9997	0.9997
	Correlação cruzada	0.9999	1.0000	1.0000	0.9999
	UIQI	0.9999	0.9998	0.9997	0.9997
	Entropia	6.5800	6.5807	6.5801	6.5809
	Divergência K-L	1.6495E-5	1.1866E-4	2.5224E-4	2.9737E-4
LENA (256x256)	PSNR	58.3020	52.7810	59.3981	52.3215
	MSE	0.0092	0.1174	0.2220	0.0973
	RMSE	0.0961	0.3427	0.4712	0.3125
	SSIM	0.9999	0.9999	0.9999	0.9997
	Correlação cruzada	0.9999	0.9999	1.0000	0.9999
	UIQI	0.9999	0.9999	0.9999	0.9997
	Entropia	7.2735	7.2737	7.2740	6.5608
	Divergência K-L	6.0120E-7	1.2022E-5	1.5636E-5	1.3971E-5
MONALISA (256x256)	PSNR	57.9877	53.4006	53.1847	51.6239
	MSE	0.0106	0.0883	0.0975	0.2001
	RMSE	0.1033	0.2971	0.3123	0.4473
	SSIM	0.9999	0.9999	0.9999	0.9999
	Correlação cruzada	0.9999	0.9999	0.9999	0.9999
	UIQI	0.9999	0.9999	0.9999	0.9999
	Entropia	6.5407	6.5408	6.5408	6.5410
	Divergência K-L	1.0014E-6	8.9826E-6	1.8981E-5	2.6238E-5
LENA (512x512)	PSNR	61.6574	56.1612	55.9398	52.8098
	MSE	6.5697E-4	0.0247	0.2742	0.1159
	RMSE	0.0443	0.1573	0.1656	0.3404
	SSIM	0.9999	0.9999	0.9999	0.9999
	Correlação cruzada	0.9999	0.9999	1.0000	0.9999
	UIQI	0.9999	0.9999	0.9999	0.9999
	Entropia	7.2881	7.2882	7.2881	7.2883
	Divergência K-L	4.1259E-8	4.6050E-7	3.6156E-7	2.1295E-6
MONALISA (512x512)	PSNR	61.1467	56.1969	54.7573	54.5438
	MSE	8.3118E-4	0.0243	0.0157	0.0521
	RMSE	0.0499	0.1560	0.2174	0.2283
	SSIM	0.9999	0.9999	0.9999	0.9999
	Correlação cruzada	1.0000	0.9999	0.9999	0.9999
	UIQI	0.9999	0.9999	0.9999	0.9999
	Entropia	6.7464	6.7463	6.7464	6.7464
	Divergência K-L	6.2867E-7	4.6102E-7	1.0226E-6	1.3922E-6

Tabela 3.4: Desempenho do bit NPP-2 para imagem a cores

(a) (b)

Figura 5.7: (a) Imagem de cobertura e (b) imagem de roubo de LENA/(RGB, 256x256) após a incorporação
500 caracteres utilizando o bit NPP-2

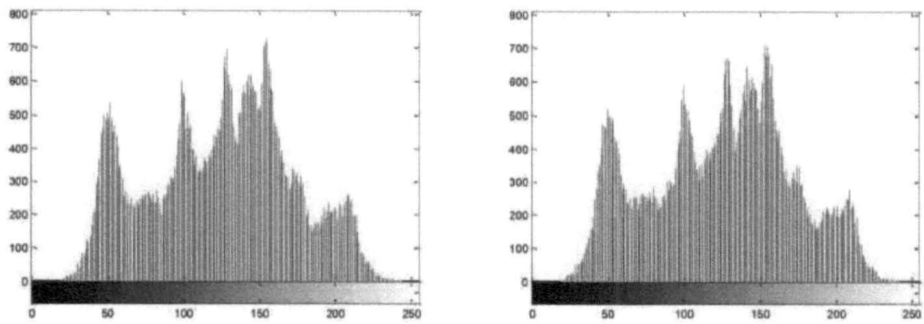

(a) (b)

Figura 5.8: Histograma de LENA/(RGB, 256x256) como (a) Imagem de cobertura e (b) Imagem Stego
após a incorporação de 500 caracteres utilizando o bit NPP-2

A. Imagens em escala de cinzentos

A Tabela 5.5 apresenta o desempenho do NPP-2 bit para imagens em escala de cinzentos. A figura 5.9 representa a imagem de cobertura e a imagem stego da MONALISA após a incorporação de 100 caracteres. A Figura 5.10 mostra o histograma da imagem MONALISA (256x256) como cobertura e stego.

Imagens em escala de cinzentos	**Métricas de desempenho**	**Número de caracteres**			
		10	**100**	**200**	**500**
LENA (128x128)	PSNR	58.7010	53.0481	51.4462	50.9802
	MSE	0.0076	0.1038	0.2172	0.2692
	RMSE	0.0786	0.3223	0.4660	0.5188
	SSIM	1.0000	0.9994	0.9988	0.9982
	Correlação cruzada	1.0000	0.9999	0.9999	1.0000
	UIQI	1.0000	0.9994	0.9988	0.9982
	Entropia	6.7694	6.7747	6.7782	6.7856
	Divergência K-L	5.2112E-5	5.6686E-4	0.00181	0.00165
MONALISA (128x128)	PSNR	58.8532	52.9532	51.7003	51.0599
	MSE	0.0123	0.1085	0.1932	0.2595
	RMSE	0.0886	0.3294	0.4395	0.5094
	SSIM	1.0000	0.9995	0.9991	0.9986
	Correlação cruzada	1.0000	0.9998	0.9999	1.0000
	UIQI	1.0000	0.9995	0.9991	0.9986
	Entropia	6.7349	6.6040	6.6103	6.6083
	Divergência K-L	5.2312E-5	7.6032E-4	0.00303	0.00244
LENA (256x256)	PSNR	60.8080	56.0017	54.5602	53.9361
	MSE	0.0029	0.0266	0.0517	0.1138
	RMSE	0.0539	0.1632	0.2275	0.3356
	SSIM	1.0000	0.9998	0.9997	0.9994
	Correlação cruzada	1.0000	0.9999	0.9999	0.9999
	UIQI	1.0000	0.9998	0.9997	0.9994
	Entropia	6.5468	6.7758	6.7790	6.7747
	Divergência K-L	9.0838E-5	1.6531E-4	2.2648E-4	5.5686E-4
MONALISA (256x256)	PSNR	60.3245	56.1817	54.5266	53.8532
	MSE	0.0035	0.0245	0.0525	0.1185
	RMSE	0.0626	0.1566	0.2293	0.3394
	SSIM	1.0000	1.0000	0.9997	0.9994
	Correlação cruzada	1.0000	0.9999	0.9999	0.9999
	UIQI	1.0000	1.0000	09997	0.9994
	Entropia	6.3256	6.5491	6.5499	6.7561
	Divergência K-L	8.0238E-5	2.2628E-4	3.9634E-4	2.1648E-4
LENA (512x512)	PSNR	64.3586	59.1138	57.4577	56.3687
	MSE	5.7601E-5	0.0063	0.0136	0.0187
	RMSE	0.0240	0.0797	0.1167	0.1335
	SSIM	1.0000	0.9999	0.9999	0.9998
	Correlação cruzada	1.0000	0.9999	0.9999	0.9999
	UIQI	1.0000	0.9999	0.9999	0.9998
	Entropia	6.7760	6.7765	6.7769	6.7770
	Divergência K-L	9.9924E-5	1.7689E-5	2.8942E-5	1.0148E-5
MONALISA (512x512)	PSNR	63.7733	59.1961	57.56661	56.2637
	MSE	7.4386E-4	0.0061	0.0129	0.0185
	RMSE	0.0272	0.0782	0.1138	0.1435
	SSIM	1.0000	0.9999	0.9999	0.9998
	Correlação cruzada	1.0000	0.9999	1.0000	0.9999
	UIQI	1.0000	0.9999	0.9999	0.9998
	Entropia	6.6867	6.6872	6.6869	6.6570
	Divergência K-L	5.6353E-6	4.6415E-5	2.3402E-5	1.0135E-5

Tabela 5.5: Desempenho do NPP-2 bit para imagem em escala de cinzentos

(a) (b)

Figura 5.9: (a) Imagem de cobertura e (b) Imagem Stego de MONALISA/(Escala de cinzentos, 256x256) após
Incorporação de 100 caracteres utilizando o bit NPP-2

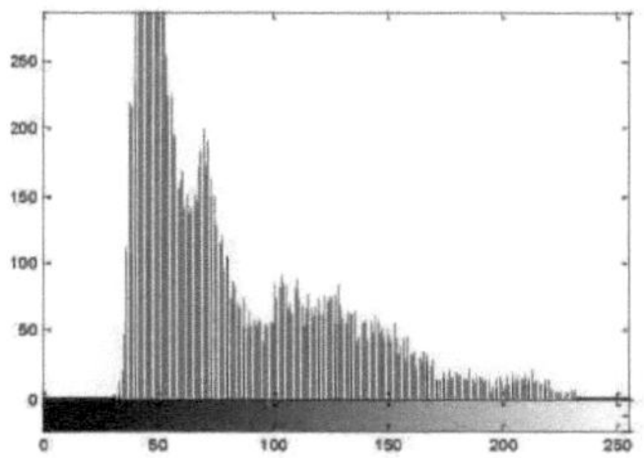

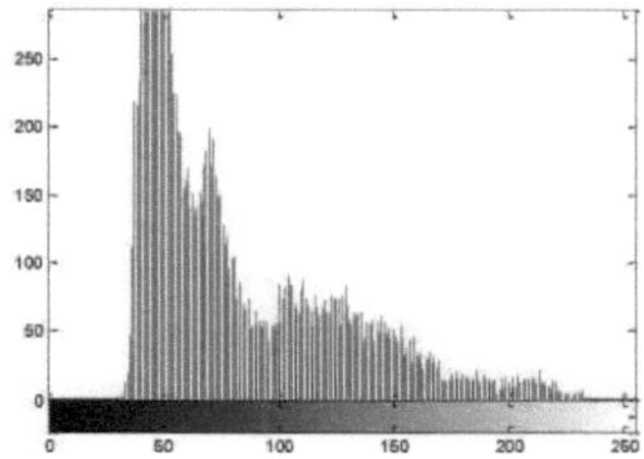

(a) (b)

Figura 5.10: Histograma da imagem MONALISA/(Escala de cinzento, 256x256) como (a) cobertura e (b)
Imagem Stego após a incorporação de 100 caracteres utilizando NPP-2 bit

A marca de água digital invisível é designada por um tipo de esteganografia. A incorporação de mais 500 caracteres utilizando o método NPP-2 bit (por vezes NPP-1 bit) cria diferenças visíveis na imagem de saída. Consequentemente, não suportam os parâmetros de referência da marca de água digital invisível. As variações ou manchas visíveis na imagem de cobertura não quebram nenhum princípio de segurança ou confidencialidade da informação. Uma vez que os bits de dados foram incorporados em posições não lineares de pixéis e bits de toda a imagem utilizando uma chave. Sem aplicar o algoritmo de incorporação ou o valor da chave, a extração da mensagem original a partir de zonas visíveis da imagem estégica é completamente impossível para os atacantes. Na esteganografia, o algoritmo de incorporação produz a imagem de saída, uma vez que o atacante não se apercebe da presença da mensagem. Também a marca de água digital invisível produz um resultado semelhante. Para medir o desempenho qualitativo das abordagens NPP desenvolvidas, foram utilizadas as ferramentas HIP (Hide In Picture) [45], QuickStego [46] e Xiao Steganohraphy [47]. Neste caso, as metodologias NPP-4 bit e NPP-Any bit também foram incluídas no gráfico de comparação. Ambas produzem marcas de água digitais visíveis para um maior número de caracteres incorporados. No entanto, ambas apoiam os princípios de segurança ou confidencialidade da informação, uma vez que os dados são incorporados na imagem portadora através da utilização de uma chave.

A direção x das figuras seguintes representa as metodologias. A direção y representa as diferentes métricas de desempenho. Por exemplo, na figura 3.11, a direção x corresponde à NPP e a outras metodologias existentes (HIP, QuickStego e Xiao Steganohraphy). A direção y representa os valores PSNR. A medida PSNR para imagens a cores produz o mesmo resultado para a técnica NPP-2 bit.

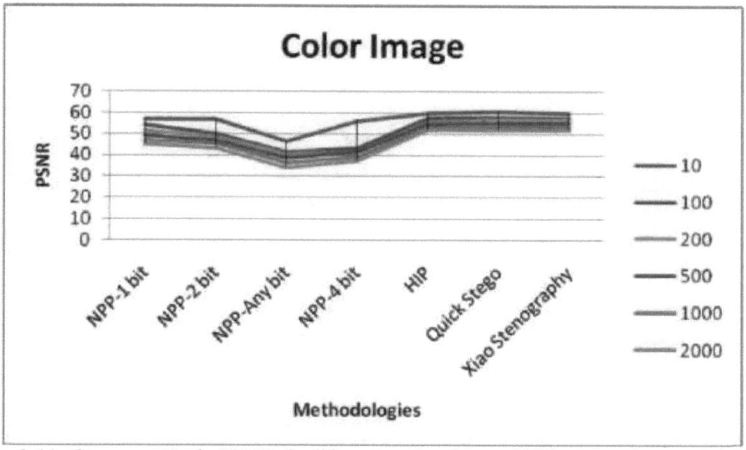

Figura 3.11: Comparação da PSNR de diferentes abordagens NPP com outras metodologias utilizando imagens LENA/(Cor, 128x128)

As figuras 3.11 e 3.12 representam, respetivamente, a superioridade do PSNR da abordagem NPP em relação a outras técnicas existentes para imagens a cores e à escala de cinzentos utilizando LENA (128x 128) como cobertura, respetivamente. As Figuras 3.13 e 3.14 mostram subsequentemente a superioridade do SSIM da abordagem NPP em relação a outras técnicas existentes para imagens a cores e à escala de cinzentos utilizando LENA (128x 128) como cobertura. A medida PSNR das imagens em escala de cinzentos produz melhores resultados para algumas das metodologias recentemente desenvolvidas em relação às existentes. A medida SSIM para imagens a cores produz o mesmo resultado para as técnicas NPP-1 bit e NPP-2 bit. A medida SSIM das imagens a cinzento gera resultados comparáveis e, por vezes, superiores para algumas das metodologias recentemente desenvolvidas em relação às metodologias existentes.

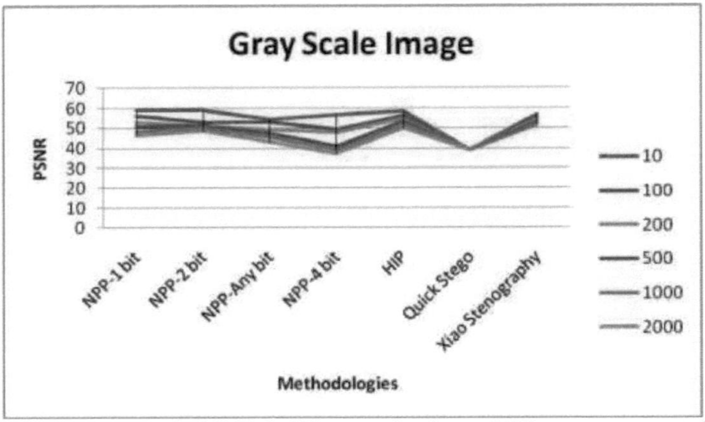

Figura 3.12: Comparação da PSNR de diferentes abordagens NPP com outras metodologias utilizando imagens LENA/(Escala de cinzento, 128x128)

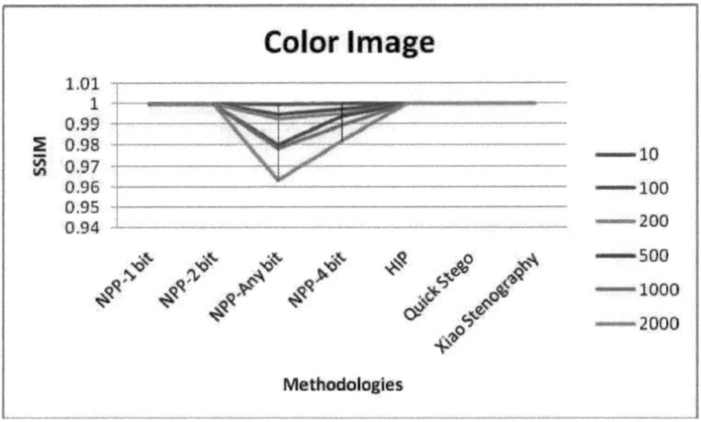

Figura 3.13: Comparação SSIM de diferentes abordagens NPP com outras metodologias utilizando imagens LENA/(Cor, 128x128)

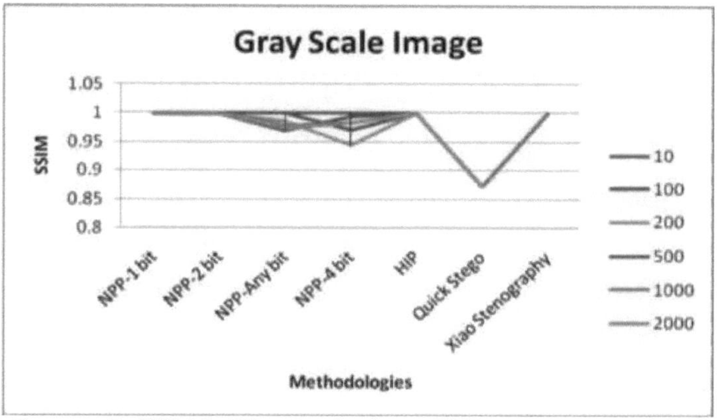

Figura 3.14: Comparação SSIM de diferentes abordagens NPP com outras metodologias utilizando imagens LENA/(Escala de cinzento, 128x128)

3.3 Conclusão

Este capítulo investiga o desempenho da metodologia esteganográfica baseada em imagens desenvolvida no domínio espacial. Também foram efectuadas comparações com outras metodologias existentes. Utilizando a metodologia recentemente desenvolvida, os dados podem ser incorporados em toda a imagem de forma arbitrária. Foram selecionadas as posições dos pixels da imagem. Se a chave for desconhecida de qualquer pessoa, a posição dos pixels da imagem, ou seja, a extração dos dados incorporados, é completamente impossível. Também em termos de semelhança e de medida de qualidade, a imagem resultante produz resultados comparáveis ou melhores do que algumas técnicas bem conhecidas. Assim, pode concluir-se que se espera que as políticas de segurança da informação recentemente desenvolvidas ofereçam um nível extremamente aceitável de segurança da informação através da esteganografia de imagens.

Capítulo 4

Metodologia de criptografia visual

4.1 Visão geral

Neste capítulo, é abordada uma técnica de criptografia visual recentemente desenvolvida para imagens e também é discutida a qualidade do serviço. A implementação da criptografia visual na marca de água invisível ou na esteganografia com chave pode produzir melhores resultados no domínio da ocultação de informação. Por isso, é necessário desenvolver técnicas de partilha de segredos utilizando componentes de cor para a imagem. Na secção 4.2, é abordada a CVCI (Criptografia visual de componentes para imagens). Por fim, na secção 4.3, é apresentada uma conclusão.

4.2 Criptografia visual de componentes para imagens

O algoritmo e a técnica de implementação das partilhas CVCI-8 foram apresentados na secção 4.2.A. A secção 4.2.B destaca a análise dos resultados das técnicas de partilha de imagens.

Acções de imagem	Componentes de cor		
	C_R	C_G	C_B
IS_0	A	A	A
IS_1	A	A	P
IS2	A	P	A
IS3	A	P	P
IS4	P	A	A
IS5	P	A	P
IS_6	P	P	A
IS7	P	P	P

Tabela 4.1 Formação de partilhas de imagens utilizando o CVCI-8

A. Acções CVCI-8

Utilizando o método CVCI-8, foram formadas oito partes de imagem (IS0-IS7) com base na presença (P) ou ausência (A) dos componentes de cor Vermelho, Verde e Azul. No final da desencriptação, a combinação adequada das partes de imagem permite reformar a imagem original (I). A Figura 4.1 simboliza o diagrama de fluxo do método CVCI-8.

Formação da imagem original através da utilização de partilhas de imagens:

Utilizando apenas uma ação:

I11= {IS7}.

Utilizando apenas duas acções:

Imagem original	Partilhas de imagem necessárias
I21	{IS0, IS7}
I22	{IS1, ISβ}
I23	{IS2, IS5}
I24	{IS3, IS4}
I25	{IS3, IS5}
I26	{IS5, ISβ}
I27	{IS3, ISβ}

Tabela 4.2: Formação da imagem original utilizando as possíveis partilhas de imagem pelo CVCI-8

A presença da ação SI7 (semelhante a S21} pode produzir mais seis combinações como {{IS1, IS7}, {IS2, IS7}, {IS3, IS7}, {IS4, IS7}, {IS5, IS7}, {IS6, IS7}}. A fração IS0 forma uma imagem 100% preta e a IS7 contém todos os componentes RGB. Assim, a presença de I7 significa a presença de cêntimos por cento da imagem original.

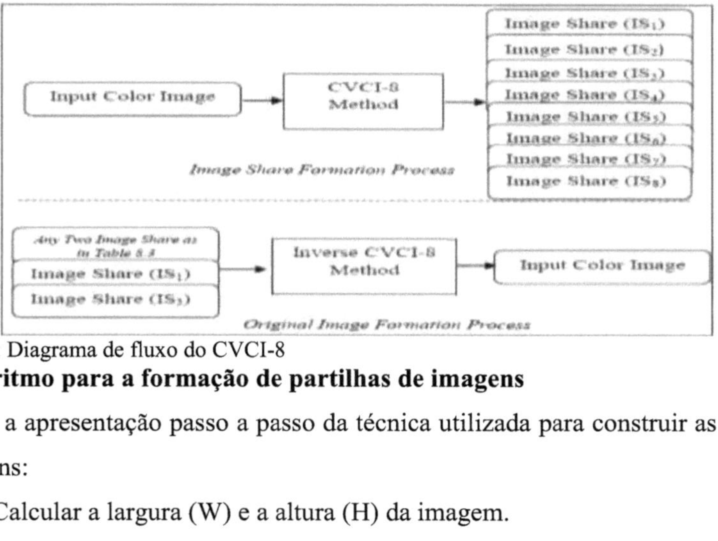

Figura 4.1: Diagrama de fluxo do CVCI-8

a. Algoritmo para a formação de partilhas de imagens

Segue-se a apresentação passo a passo da técnica utilizada para construir as partilhas de imagens:

Passo I: Calcular a largura (W) e a altura (H) da imagem.

Passo II: Ler os valores R, G e B de cada pixel de toda a imagem. Armazenar os valores num ficheiro como um elemento de matriz.

Etapa III: A partir dos componentes R, G e B do ficheiro, tal como na tabela 4.1, criar oito partilhas de imagens diferentes (IS0-IS7).

Etapa IV: Parar.

b. Algoritmo para a formação da imagem original

Segue-se a apresentação passo a passo da técnica utilizada para reformar a imagem original:

Etapa I: Pegue em duas imagens partilhadas quaisquer como (IS0, IS7) ou (IS2, IS5) ou (IS3, IS6).

Passo II: Ler os valores dos componentes R, G e B de duas partes quaisquer e guardá-los num ficheiro. A imagem original é criada a partir de qualquer valor comum de R, G e B dos ficheiros.

Etapa III: Parar.

Implementação do algoritmo

Aqui é apresentado o desempenho do método CVCI-8. A figura 4.2 representa a imagem original do LENA e as partilhas de imagem utilizando o método CVCI-8. A figura 4.3 mostra o processo de formação da imagem original através da combinação de duas acções como na tabela 4.2.

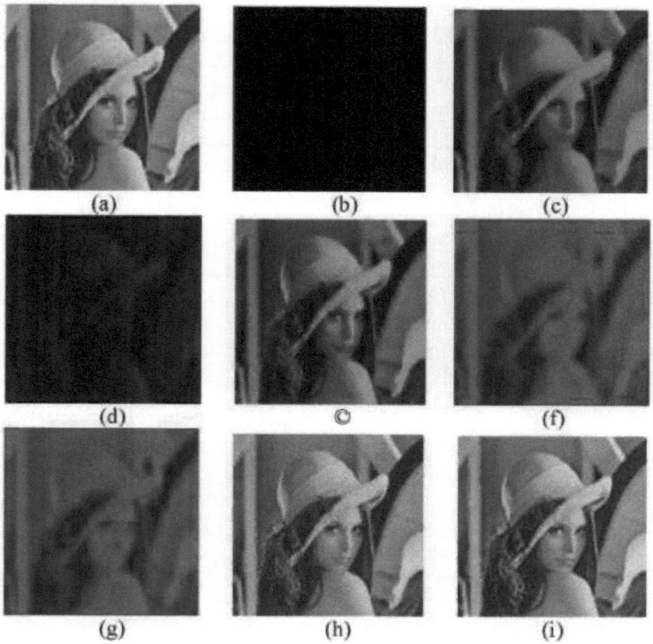

Figure 4.2: (a) Imagem original, (b) (c) (d) © (f) (g) (f) e (i) as suas partes de LENA utilizando CVCI-8

Figure 4.3: Formação da imagem original usando CVCI-8

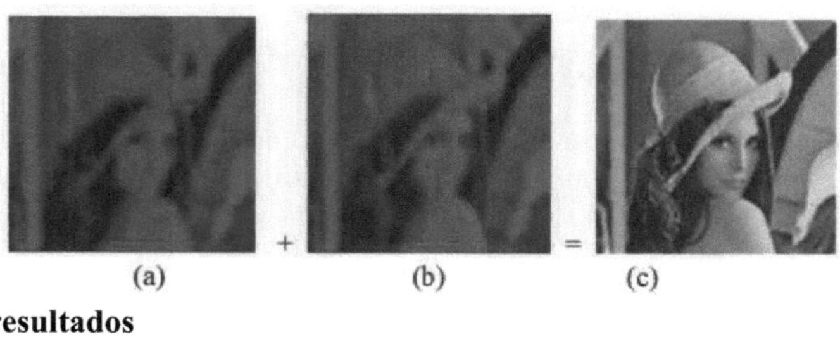

C. Análise dos resultados

O CVCI produz diferentes partilhas de imagem com conteúdo de cor reformado. Tabela
4.3 é tabulado com diferentes medidas do método CVCI-8 relacionadas com a criptografia visual. A Tabela 4.4 representa a superioridade das metodologias propostas em relação às existentes.

Caraterísticas	CVCI-8
1ª imagem partilhada PSNR	26.6274
2ª imagem partilhada PSNR	27.1404
3ª imagem partilhada PSNR	27.2427
4ª imagem partilhada PSNR	27.8866
5ª imagem partilhada PSNR	28.5859
6ª imagem partilhada PSNR	30.0579
7ª imagem partilhada PSNR	30.2734
8ª imagem partilhada PSNR	Infinito
N.º de acções necessárias para a descodificação	Quaisquer dois (como no quadro 4.2)
Imagem reconstruída PSNR	Infinito
Qualidade e clareza	Elevado
Complexidade computacional	Muito elevado
Implementação de hardware	Elevado

Tabela 4.3: Diferentes medidas do método CVCI-8

Caraterísticas	Wang et al. [48]	CVCI-8
Tipos de partilha de segredos	(2,2)	(1,8)
Trabalhar em	Meio-tom (preto e branco)	Imagem a cores
Tamanho da imagem de entrada	512x512	Qualquer tamanho de imagem possível
Expansão de pixels	Não	Não
Divisão de Intensidade	Não	Não
Estiramento em contraste	Não	Não
Informações adicionais necessárias	Sim	Não
Livro de códigos necessário	Sim	Não
Acções geradas com base em	Blocos	Pixel (valor RGB)

Tabela 4.4: Análise comparativa das caraterísticas criptográficas visuais da imagem entre a metodologia proposta e outras existentes

4.3 Conclusão

Neste capítulo, foi abordada uma nova técnica de criptografia visual para imagens. Foi efectuada uma comparação com a técnica existente. A implementação da criptografia visual na marca de água invisível ou na esteganografia utilizando uma chave produz melhores resultados no domínio da ocultação de informação. A partir de diferentes pontos de análise, observa-se que o esquema proposto é mais seguro e protegido para o esquema de comunicação de partilha de segredos de imagem.

Capítulo 5

Kit de ferramentas de segurança integrado para imagem

5.1 Visão geral

Este capítulo aborda o modelo de segurança integrado através da imagem. As técnicas de encriptação de dados e de criptografia visual proporcionam uma segurança de dados observável no momento da comunicação. Por outro lado, as técnicas de esteganografia e de marca de água invisível oferecem uma segurança impercetível. A aplicação em cascata das metodologias acima referidas, utilizando uma chave, pode eventualmente proporcionar um nível adicional de segurança da informação. O conjunto integrado de ferramentas de segurança ou as simulações são a disposição em cascata ou por etapas de diferentes metodologias desenvolvidas de cifragem, segurança e partilha. Para o kit de ferramentas de esteganografia de imagem, primeiro os bits de dados são encriptados através do método MDE, depois são incorporados na imagem utilizando o método NPP e, por fim, as partilhas de imagem são formadas pelo método CVCI (8 partilhas).

A secção 5.2 descreve a proposta da Integrated Security Toolkit for Image (ISTI) [44] para comunicação segura. A conclusão deste capítulo é apresentada na secção 5.3.

5.2 Conjunto de ferramentas de segurança integrado para imagem (ISTI)

Para aumentar o nível de segurança através da esteganografia de imagens, foi desenvolvido um novo esquema em cascata, nomeadamente o Integrated Security Toolkit for Image (ISTI). Inicialmente, os dados da mensagem são encriptados através do método Modulus Division Encryption (MDE). Em seguida, os dados encriptados são incorporados em toda a imagem portadora em posições arbitrárias de píxeis utilizando o método Nonlinear Pixel Position (NPP). Por fim, as partilhas de imagem e de chave são formadas a partir da imagem stego e da chave secreta, utilizando o método Component Visual Cryptography for Image (8 partilhas). A Tabela 5.1 representa a formação da imagem e das acções-chave utilizando componentes de cor e dígitos-chave, respetivamente. A Figura 5.1 descreve o diagrama de fluxo do método ISTI.

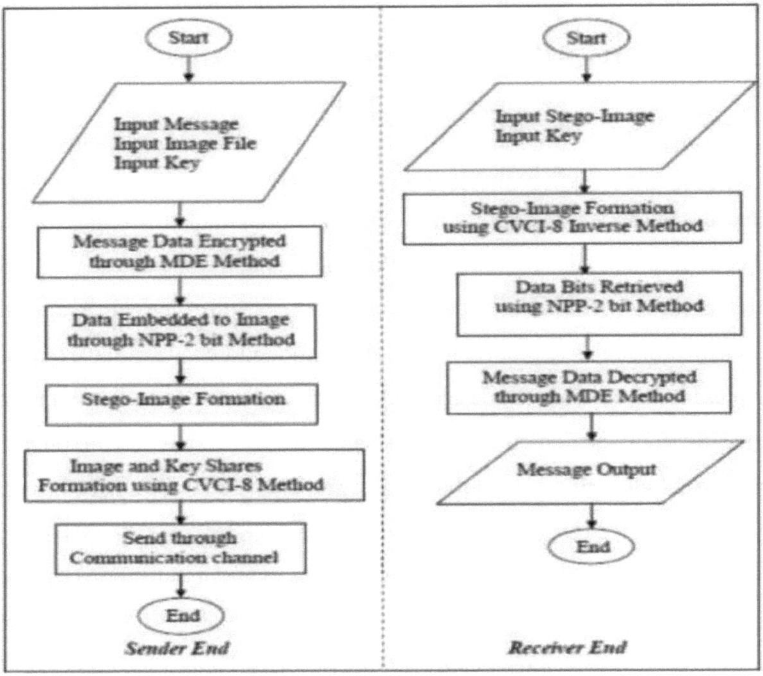

Figura 5.1: Diagrama de fluxo da ISTI

O algoritmo de incorporação e extração de dados foi apresentado nas secções 5.2.A e 5.2.B, respetivamente. As secções 5.2.C e 5.2.D destacam a implementação e a análise de segurança da técnica, respetivamente.

A. Encriptação de bits de dados sobre a imagem e formação de partilhas de imagem

Segue-se a apresentação passo a passo da técnica utilizada para efeitos de incorporação:

a) Criar uma matriz encriptada utilizando MDE

Etapa I: Receber os dados de entrada (texto simples) e calcular o comprimento (M_l) da mensagem.

Etapa II: Converter o comprimento no seu equivalente binário de 8 bits. Armazenar esses bits de dados na matriz de encriptação (Arr[]) como LSB a MSB, respetivamente.

Etapa III: Pegar na chave alfanumérica de 8 dígitos/caracteres (K) e dividir os caracteres alfanuméricos (K_c) nos seus dígitos decimais ou caracteres individuais.

Etapa IV: São aplicadas técnicas de ordenação por inserção para ordenar os dígitos-chave/caracteres por ordem crescente com base no valor ASCII-8.

Etapa V: Converter cada carácter do texto simples no seu equivalente binário ASCII-8.

Etapa VI: A partir da entrada da chave, é adicionado o valor ASCII-8 correspondente a cada carácter ou dígito.

Passo VII: Dependendo do lembrete, através da divisão do módulo por oito, cada três bits de Arr[] são encriptados (como na figura 2.2).

Passo VIII: Se o lembrete for ímpar, é efectuada a ordem crescente e a operação de deslocação à esquerda de n^{th} bits. Caso contrário, é efectuada a operação de ordem decrescente e de deslocamento à direita. Se o lembrete for zero, então a ordem é crescente e não há deslocação de bits.

Etapa IX: Armazenar os valores binários codificados a partir dos caracteres em Arr[] LSB a MSB.

Passo X: Repetir da etapa V à etapa IX para i=1 a Ml.

Passo XI: Parar.

b) Formação de imagens furtivas utilizando o bit NPP-2

i) Seleção das posições dos pixels da imagem

Passo I: Pegue no valor de Arr[size] para calcular o número de pixéis necessários (P). Assim, P= (ceil (tamanho /3)).

Etapa II: Pegar na chave (K) e calcular o valor da função

$F(x, y) = K^P$ [ou seja, pow (K, P)].

Passo III: Armazenar os valores exponenciais, um a um, num ficheiro.

Etapa IV: Repetir as etapas II a III para i= (1 a P).

Passo V: Ler os valores até "e" e guardar os três dígitos mais significativos em $_{Arrx}$[P], os três dígitos seguintes em $_{Arry}$[P] e o último dígito significativo em $_{Arrz}$[P].

Etapa VI: Repetir a etapa V até ao fim do ficheiro.

Etapa VII: Parar.

ii) Substituição dos elementos da matriz pelos valores R, G e B dos pixéis

Passo I: Calcular a largura (w) e a altura (h) da imagem.

Passo II: Definir x= $_{Arrx}$[P] e y= $_{Arry}$[P].

Etapa III: Para selecionar a posição do pixel na imagem, comparar o valor de x e y com o valor de w e h (em que a posição do pixel endereçável é (0, 0) a (w-1, h-1)).

a) Se (x >(w-1)) ou (y >(h-1)) então

Definir P (x, y) = P (0+(x %(w-1)), (0 +(y %(h-1))) Caso contrário, define-se P (x, y) = (x, y).

Etapa IV: Selecionar a posição do bit (b) do pixel selecionado, ou seja, o bit em que os dados da matriz serão substituídos. Definir z = Arrz[P].

i) Se (z%4=0) então b=1st LSB

ii) Se (z%4=1) então b=2nd LSB

iii) Se (z%4=2) então b=3rd LSB

Caso contrário, b=4th LSB de cada R, G & B de um pixel.

Passo V: Um par de bits de dados de Arr[] é substituído na posição de bit correspondente de cada RGB e os pixéis são reformados.

Etapa VI: Repetir as etapas II a V para i=1 a P.

Etapa VII: Parar.

Imagem(IS)/ Chave(KS) Ação	Acções de imagem			Acções-chave		
	IR	IG	IB	K1	K2	K3
SO	A	A	A	A	A	A
S1	A	A	P	A	A	P
S2	A	P	A	A	P	A
S3	A	P	P	A	P	P
S4	P	A	A	P	A	A
S5	P	A	P	P	A	P
S6	P	P	A	P	P	A
S7	P	P	P	P	P	P

Quadro 5.1: Formação de imagem e de acções-chave

c. Criação de partilhas de imagens e chaves utilizando o CVCI-8

Passo I: Gerar acções de imagens (IS0- IS7) com presença (P) ou ausência (A) de elementos vermelhos (IR), verdes (IG) e azuis (IB), respetivamente (como na Tabela 5.1).

Etapa II: Também as acções-chave (KS0-KS7) estão com presença (P) ou ausência (A) de acções-chave (K1, K2 e K3).

Etapa III: Parar.

B. Algoritmo de desencriptação para recuperar bits de dados da imagem

Segue-se a apresentação passo a passo da técnica utilizada para recuperar os bits de dados:

a. Recuperação dos bits substituídos da imagem com marca de água e formação do conteúdo original

Passo I: Pegar em duas chaves de entrada quaisquer (como no quadro 5.1) e tomar uma parte comum de duas chaves de entrada para formar a chave (K), como no passo III do algoritmo 5.2.A.c.

Passo II: Pegar em duas partes quaisquer da imagem (como na Tabela 5.1). Ler os valores dos componentes R, G e B de quaisquer duas partes e guardá-los num ficheiro. Tomando qualquer valor comum de R, G e B dos ficheiros, cria-se a imagem original com marca de água (Imgw).

Etapa III: Para obter a posição do pixel e do bit em R, G e B dos pixéis selecionados, percorrer as etapas I a VI do algoritmo 5.2.A.b.i e ii.

Etapa IV: Recuperar os bits encriptados das posições de bits selecionadas dos pixels selecionados e armazená-los na matriz desencriptada de Darr[].

Etapa V: Para obter o comprimento, repita as etapas II a IV para i= 1 a 3 vezes (uma vez que cada pixel contém seis bits de dados), pegando na chave (K) e na imagem (Imgw).

Etapa VI: Tomando os bits de dados de Darr[1] como LSB e Darr[8] como MSB, calcular o comprimento (L) da mensagem.

Etapa VII: Repetir a etapa VIII para i=1 a 4.

Etapa VIII: Recuperar os bits encriptados da posição de bit selecionada dos pixels selecionados e da região selecionada e armazená-los na matriz de caracteres desencriptados de Darr[9] a Darr[bit], respetivamente (em que bit é o comprimento da matriz de caracteres).

Etapa IX: Retirar os valores dos dados da matriz desencriptada Darr[], LSB como Darr[8*i+1] e MSB como Darr[8*(i+1))], respetivamente. Repetir da etapa V à etapa X para decifrar os bits de dados.

Etapa X: Pegar nos elementos da matriz decifrada (Darr[]), atribuir os bits de dados LSB a MSB, respetivamente, e calcular o comprimento (Ml).

Etapa XI: Pegar na chave (K) e dividir os caracteres alfanuméricos (Kc) nos seus dígitos ou caracteres decimais individuais.

Etapa XII: Aplicar técnicas de MDE para os dígitos-chave/caracteres por ordem crescente com base no valor ASCII-8.

Etapa XIII: Calcular o total (T) do valor ASCII-8 para os caracteres-chave e efetuar n=T%8.

Passo XIV: Se o lembrete for ímpar, é efectuada a ordem crescente e a operação de deslocamento à direita de n^{th} bits. Caso contrário, é efectuada a operação de ordem decrescente e de deslocamento à esquerda. Se o lembrete for zero, então a ordem é crescente e não há deslocação de bits.

Etapa XV: Colocar os bits da matriz com base nas posições ordenadas dos dígitos-chave/caracteres e substituí-los de acordo com os caracteres-chave originais. Converter para o carácter correspondente e armazenar na matriz de mensagens (Marr[]).

Etapa XVI: Repetir as etapas XIV a XV para i=1 a Ml.

Etapa XVII: Por fim, os caracteres são colocados um a um na mensagem original.

Etapa XVIII: Parar.

C. Implementação com resultados experimentais

A figura 5.2 mostra a imagem de cobertura, a imagem stego e as suas partilhas, respetivamente. Os histogramas da imagem de cobertura e da imagem stego são apresentados na figura 5.3. A figura 5.4 mostra a formação da imagem stego a partir das acções da imagem. A tabela 5.2 representa a encriptação utilizando o método MDE. A tabela 5.3 indica o desempenho do modelo integrado de esteganografia de imagem proposto. A Tabela 5.4 apresenta os valores PSNR de diferentes acções de imagem.

Deixar a chave (K) =63A75C.

Número de pixéis afectados necessários para o carácter (p) = [ceil (90/3)] =30.

Calcular o total (t) =54+51+65+55+53+67=345

Lembrete (n) = 345%8= 1.

No quadro seguinte, descreve-se o processo de cifragem de dados de texto em função da chave.

Bits após transposição	Bits após deslocação
01110010	00111001
10100011	11010001
01110110	00111011

Tabela 5.2. Encriptação utilizando o método MDE

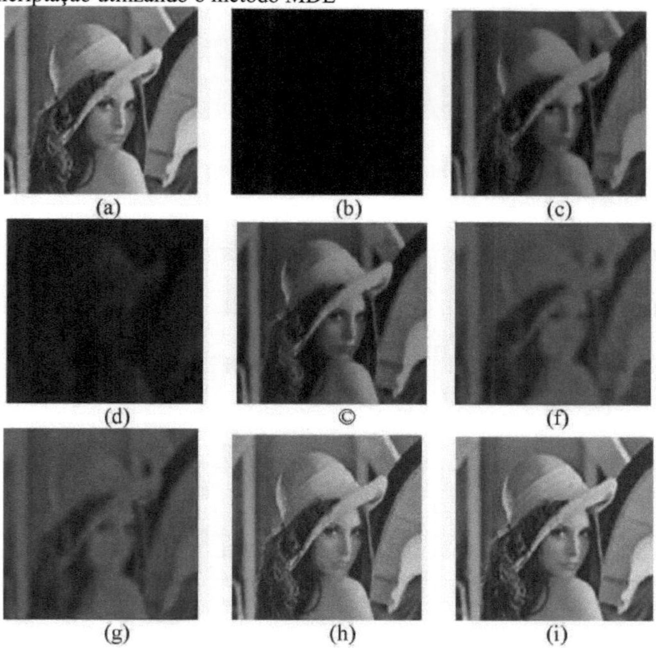

Figura 5.2: (a) Imagem original, (b) (c) (d) © (f) (g) (f) e (i) suas partilhas de LENA usando CVCI-8

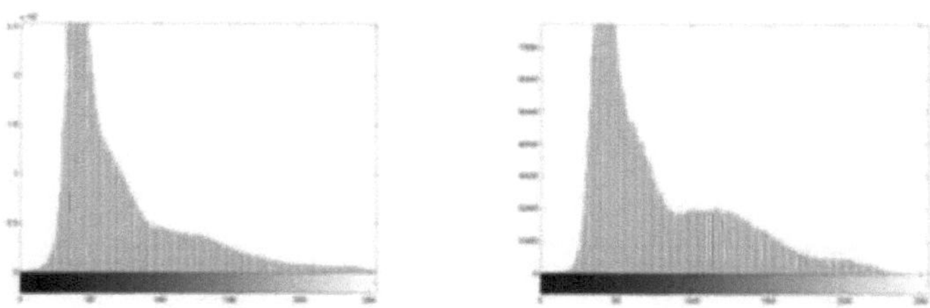

(a) (b)

Figura 5.3: Histograma da (a) imagem de cobertura e da (b) imagem de Stego (MONALISA) após a incorporação através de ISTI

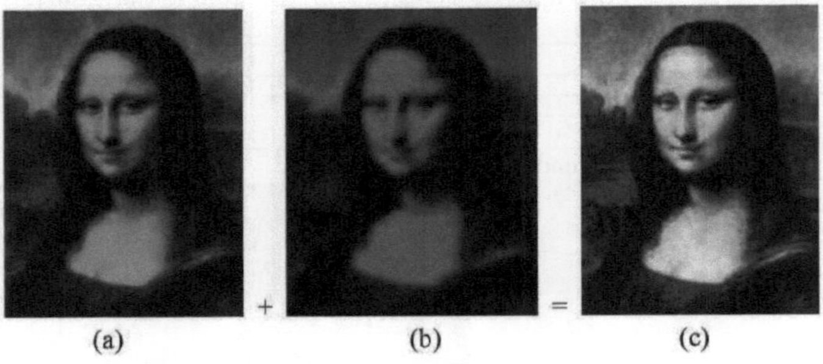

Figura 5.4: (a) e (b) Imagem partilhada e (c) Imagem Stego

Imagens a cores	Métricas de semelhança de imagens	Número de caracteres			
		10	100	200	500
LENA (128x128)	PSNR	57.2190	54.2715	51.3215	49.0515
	MSE	0.0152	0.0083	0.0129	0.6544
	RMSE	0.1233	0.0912	0.1139	0.8089
	SSIM	0.9999	0.9999	0.9999	0.9998
	Correlação cruzada	1.0	1.0	0.9999	0.9999
	UIQI	0.9999	0.9999	0.9999	0.9998
	Entropia	7.2779	7.2734	7.0362	7.2779
	Divergência K-L	9.1256E-6	1.6215E-5	6.8548E-7	7.3219E-4
MONALISA (256x256)	PSNR	57.9877	55.0424	54.1166	51.9937
	MSE	0.0106	0.0414	0.0635	0.1688
	RMSE	0.1033	0.2036	0.2520	0.4108
	SSIM	0.9999	0.9999	0.9999	0.9999
	Correlação cruzada	1.0	1.0	1.0	0.9999
	UIQI	0.9999	0.9999	0.9999	0.9999
	Entropia	6.5407	5.5409	6.5410	6.5414
	Divergência K-L	57.9877	55.0424	54.1166	51.9937
PEAPER (512x512)	PSNR	61.1468	58.0579	57.1025	54.9432
	MSE	0.0024	0.1013	0.0160	0.0434
	RMSE	0.0499	0.1016	0.126	0.2083
	SSIM	0.9999	0.9999	0.9999	0.9999
	Correlação cruzada	1.0	0.9999	0.9999	0.9999
	UIQI	0.9999	0.9999	0.9999	0.9999
	Entropia	6.7464	6.7438	6.7463	7.2882
	Divergência K-L	6.2867E-7	6.1186E-7	9.7882E-7	2.9029E-6

Tabela 5.3: Análise de desempenho utilizando ISTI

Acções de imagem	PSNR
1st	34.9231
2nd	36.1032
3rd	NA
4th	42.3043
5th	NA
6th	35.3536
y^{th}	NA
8th	Infinito

Tabela 5.4: PSNR para partilhas de fotogramas utilizando ISTV-8

D. Análise da ISTI

O modelo ISTI é um modelo único de segurança integrada através da esteganografia de imagens. O modelo é um modelo de esteganografia multinível através da implementação em cascata de encriptação de dados, esteganografia de imagens e criptografia visual através da chave privada. Neste trabalho, tentou-se aumentar o nível de segurança através da esteganografia de imagens. Do lado do remetente, os dados da mensagem encriptada são incorporados arbitrariamente em toda a imagem através de uma chave secreta. Finalmente, as partilhas de imagem e de chave são formadas antes da comunicação através do canal de comunicação. No lado do recetor, só a combinação adequada da imagem e das partilhas de chaves permite recuperar os dados secretos.

Os níveis de segurança incorporados no modelo ISTI:

-1- Encriptação da mensagem secreta.

-2- Incorporação de bits de dados encriptados de forma arbitrária em toda a imagem.

-3- Utilização de uma chave secreta.

-4- Criação de uma imagem stego com uma degradação muito reduzida.

-5- Formação de chaves e partilhas de imagens no lado do remetente.

-6- Combinação adequada de imagem e partilha de chaves no lado do recetor.

5.3 Conclusão

Este capítulo aborda o modelo integrado de segurança de imagem, texto e vídeo. Nos três capítulos anteriores, foram abordadas diferentes metodologias de cifragem, esteganografia e criptografia visual. Por fim, neste capítulo, ao colocar em cascata as técnicas anteriores recentemente desenvolvidas, foi proposto um modelo integrado. No momento da desencriptação, só uma montagem adequada de caracteres-chave e uma combinação de imagem e de acções-chave podem produzir a imagem e a chave stego originais a partir das quais os dados podem ser extraídos, o que, na verdade, aumenta o nível de segurança no domínio da segurança da informação.

Bibliografia

[1] Lingling An, Xinbo Gao, Dacheng Tao, "Robust Reversible Watermarking via Clustering and Enhanced Pixel-Wise Masking", IEEE Transactions on Image Processing, Volume 21, No. 8, pp. 3598-36,agosto de 2012

[2] Z. J. Xu, Z. Z. Wang, Q. Lu, "Research on Image Watermarking Algorithm based on DCT", 3ª Conferência Internacional sobre Ciência Ambiental e Tecnologia de Aplicação da Informação (ESIAT), Procedia Environmental Sciences, Volume 10, Parte B, pp. 1129 - 1135,2011

[3] Chittaranjan Pradhan, Shibani Rath, Ajay Kumar Bisoi, "Non Blind Digital Watermarking Technique Using DWT and Cross Chaos", 2nd International Conference on Communication, Computing & Security (ICCCS), Procedia Technology, Volume 6, pp. 897-904, 2012

[4] Mohamed M. Abd-Eldayem, "A proposed security technique based on watermarking and encryption for digital imaging and communications in medicine", Egyptian Informatics Journal, Volume 14, Issue 1, Pages 1-13, March 2013

[5] Vidyasagar M. Potdar, Song Han, Elizabeth Chang, "A Survey of Digital Image Watermarking Techniques", 3ª Conferência Internacional do IEEE sobre Informática Industrial (INDIN), pp. 709-716, agosto de 2005

[6] Whitfield Diffie, Martin E. Hellman, "New Diretions in Cryptography", IEEE Transactions on Information Theory, Volume IT-22, n.º 6, pp. 644-654, 21-24 de junho de 1976

[7] P. S. Revenkar, Anisa Anjum, W.Z. Gandhare, "Secure Iris Authentication Using Visual Cryptography", International Journal of Computer Science and Information Security, Volume 7, No.3, ISSN 1947-5500, pp. 217-221, 2010

[8] Poonam Bidgar, Neha Shahare, "Key based Visual Cryptography Scheme using Novel Secret Sharing Technique with Steganography", IOSR Journal of Electronics and Communication Engineering (IOSR-JECE), e-ISSN: 2278-2834, p- ISSN: 22788735, Volume 8, Issue 2, pp. 11-18,Nov.-Dec. 2013

[9] Ching-Nung Yang, Hsiang-Wen Shih, Chih-Cheng Wu, Lein Harn, "k Out of n Region Incrementing Scheme in Visual Cryptography", IEEE Transactions On Circuits

And Systems For Video Technology, Volume 22, N.º 5, pp. 799-810, maio de 2012

[10] Feng Liu, Chuankun Wu, "Embedded Extended Visual Cryptography Schemes", IEEE Transactions On Information Forensics And Security, Volume 6, N.º 2, pp. 307-322, junho de 2011

[11] Em Koo Kang, Gonzalo R. Arce, Heung-Kyu Lee, "Color Extended Visual Cryptography Using Error Diffusion", IEEE Transactions on Image Processing, Volume 20, N.º 1, pp. 132-145, janeiro de 2011

[12] Zhi Zhou, Gonzalo R. Arce, Giovanni Di Crescenzo, "Halftone Visual Cryptography", IEEE Transactions on Image Processing, Volume 15, N.º 8, pp. 2441-2453, agosto de 2006

[13] Annalisa De Bonis, Alfredo De Santis, "Randomness in secret sharing and visual cryptography schemes", Theoretical Computer Science, Volume 314, Issue 3, pp. 351-374, abril de 2004

[14] K. Sakthisudhan, P. Prabhu, P. Thangaraj, C. M. Marimuthu, "Dual Steganography Approach for Secure Data Communication" (Abordagem de esteganografia dupla para comunicação segura de dados),
Conferência Internacional sobre Modelação, Otimização e Computação, Volume 38, pp. 412-417, 2012

[15] Stuti Goel, Arun Rana, Manpret Kaur, "A Review of Comparison
Techniques of Image Steganography", IOSR Journal of Electrical and Electronics Engineering (IOSR-JEEE) e-ISSN: 2278-1676,p- ISSN: 2320-3331, pp. 41-48, maio - junho 2013

[16] Ratnakirti Roy, Anirban Sarkar, Suvamoy Changder, "Esteganografia de imagem adaptativa de borda baseada em caos", Primeira Conferência Internacional sobre Inteligência Computacional: Técnicas de Modelação e Aplicações (CIMTA) 2013, Volume 10, pp. 138-146, 2013

[17] Chiang-Lung Liu, Shiang-Rong Liao, "JPEG de elevado desempenho
steganography using complementary embedding strategy", Pattern Recognition 41, pp. 2945 - 2955, março de 2008

[18] C.G. Thorat, B.D. Jadhav, "Uma técnica de marca de água digital cega para

color image based on integer wavelet transform and SIFT", Actas da Conferência e Exposição Internacional sobre Tecnologia Biométrica, Volume 2, pp. 236-241, 2010

[19] Mohammad Ali Nematollahi, S.A.R. Al-Haddad, FaranehZarafshan, "Blind digital speech watermarking based on Eigen-value quantization in DWT", Journal of King Saud University - Computer and Information Sciences, Volume 27, Issue 1, pp 58-67, janeiro de 2015

[20] Radu O. Preda, Dragos N. Vizireanu, "A robust digital watermarking scheme for video copyright protection in the wavelet domain", Measurement, Volume 43, Issue 10, pp. 1720-1726, dezembro de 2010

[21] Yunjung Lee," Streaming Video Service Model using Secure Steganographic Method", International Journal of Security and Its Applications,Volume7, No.6, pp.79-88, 2013

[22] Lathikanandini. M, Suresh. J, "Steganography in MPEG Video Files using MACROBLOCKS", International Journal of Advanced Computer Research (ISSN (print): 2249-7277 ISSN (online): 22777970) Volume-3 Número-1, Edição-8, pp.18-22, março-2013

[23] N. SarathBabu, Dr. M. Sailaja, "An Efficient Method for Steganography in Videos", International Journal of Research in Computer and Communication Technology, Volume 2, Issue 8, ISSN (Online) 2278-5841 ISSN (Print) 2320-5156,pp. 644-648,
agosto - 2013

[24] Hemant Gupta, SetuChaturvedi, "Video Steganography through LSB Based Hybrid Approach", International Journal of Engineering Research and Development, e-ISSN: 2278-067X, p-ISSN: 2278800X, Volume 6, Issue 12, pp. 32-42, maio de 2013

[25] Ayushi Juneja, Sunita, Tarun Ahuja, "Dynamic Least Significant Bit (DLSB) Technique for Video Steganography", International Journal of Computer Science & Management Studies, Volume 13, Issue 05, julho, eISSN: 2231 -5268, pp.52-56, julho de 2013

[26] Samir K Bandyopadhyay, Debnath Bhattacharyya, Debashis Ganguly, Swarnendu Mukherjee, Poulami Das, "A Tutorial Review on Steganography", IC3,

UFL & JIITU, pp. 105-114, 2008

[27] Pooyan. M., Delforouzi. A., "LSB-based Audio Steganography Method Based on Lifting Wavelet Transform", IEEE International Symposium on Signal Processing and Information Technology, pp. 600 - 603, dezembro de 2007

[28] Zamani. M.,Manaf. A., Ahmad. R.B., Jaryani. F., "A secure audio steganography approach", International Conference for Internet Technology and Secured Transactions (ICITST), pp. 1-6, novembro de 2009

[29] Shikha, Vidhu Kiran Dutt, "Esteganografia: A arte de esconder texto na imagem usando Matlab ", Jornal Internacional de Pesquisa Avançada em Ciência da Computação e Engenharia de Software, Volume 4, Edição 9, ISSN: 2277 128X, pp. 822-828, setembro de 2014

[30] Souvik Roy, P. Venkateswaran, "Uma técnica de esteganografia baseada em texto com raiz indiana", Conferência Internacional sobre Inteligência Computacional: Técnicas de Modelação e Aplicações (CIMTA), pp. 167-171, 2013

[31] Dhanashri D. Dhobale, Dr. Vijay R. Ghorpade, "An overview of advanced network protocol steganography", Revista Internacional de Investigação Avançada em Engenharia Informática e de Comunicações, Volume 2, Número 9, pp. 3370-3373, setembro de 2013

[32] KamranAhsan, DeepaKundur, "Practical Data Hiding in TCP/IP", Workshop Multimedia and Security at ACM Multimedia, pp. 1-8, 6 de dezembro de 2002

[33] Chunfang Yang, Fenlin Liu, Xiangyang Luo, Ying Zeng, "Pixel Group Trace Model-Based Quantitative Steganalysis for Multiple Least-Significant Bits Steganography", IEEE Transactions on Information Forensics and Security, Volume 8, N.º 1, pp. 216-218, janeiro de 2013

[34] Jessica Fridrich, Jan Kodovsky, "Rich Models for Steganalysis of Digital Images", IEEE Transactions on Information Forensics and Security, Volume 7, N.º 3, pp. 868-882, junho de 2012

[35] Rengarajan Amirtharajan, Jiaohua Qin, John Bosco Balaguru Rayappan, "Random Image Steganography and Steganalysis: Present Status and Future Diretions", Information Technology Journal, pp. 566-576, 2012

[36] Kwangsoo Lee, Andreas Westfeld, Sangjin Lee, "Category Attack for LSB Steganalysis of JPEG Images", IWDW, Lecture Notes in Computer Science 4283, Spinger, pp. 35-48, 2006

[37] Pierre Richer, "Steganalysis: Detecting hidden information with computer forensic analysis", SANS/GIAC Practical Assignment for GSEC Certification, Version 1.4b, pp.1-12, 2003

[38] Pritesh Pathak , S. Selvakumar, "Blind Image Steganalysis of JPEG images using feature extraction through the process of dilation", Digital Investigation, Elsevier, Volume 11, Issue 1, pp. 67-77, março de 2014

[39] Kanchan Patil, Ravindra Gupta, Gajendra Singh, "Digital Image Steganalysis Schemes for Breaking Steganography", Conferência Internacional sobre Avanços nas Tecnologias da Comunicação e da Computação (ICACACT, pp. 11-15), 2012

[40] Ming Li, Michel K. Kulhandjian, Dimitris A. Pados, Stella N. Batalama, Michael J. Medley, "Extracting Spread-Spectrum Hidden Data from Digital Media", IEEE Transactions on Information Forensics and Security, Volume 8, N.º 7, pp. 1201-1210, julho de 2013

[41] Aparna J R, Sonal Ayyappan, "Image Watermarking using Diffie Hellman Key Exchange Algorithm", Conferência Internacional sobre Tecnologias da Informação e da Comunicação (ICICT), Procedia Computer Science 46, pp. 1684 - 1691, 2015

[42] Dr. Ekta Walia, Payal Jain, Navdeep, "An Analysis of LSB & DCT based Steganography", Global Journal of Computer Science and Technology, Volume 10, Issue 1 (Version 1.0), pp. 4-8, abril de 2010

[43] Yun Cao, Xianfeng Zhao, Dengguo Feng, "Video Steganalysis Exploiting Motion Vetor Reversion-Based Features", IEEE Signal Processing Letters, Volume 19, N.º 1, pp. 35-38, janeiro de 2012

[44] Sabyasachi Samanta, Saurabh Dutta, Goutam Sanyal, "Uma nova abordagem baseada na esteganografia de imagem para desenvolver o kit de ferramentas de segurança integrado de 8 partes (ISTI-8)", Jornal Internacional de Engenharia da Informação e Negócios Electrónicos (IJIEEB) ISSN: 2074-9023 (Print), ISSN: 2074-9031 (Online) Volume7, no.3, maio, 2015, pp.52-59

[45] Ferramenta de esteganografia de imagens: http://www.softpedia.com/get/Security/ Security-Related/Hide-In-Picture.shtml

[46] Ferramenta de esteganografia de imagens: http://download.cnet.com/QuickStego /3000-2092_4-75593140.html

[47] Ferramenta de esteganografia de imagens :http://download.cnet.com/Xiao-Steganography/ 3000-2092_4-10541494.html

[48] Pradeep Kumar Sharma, Hari Mohan Singh, "Visual Cryptography Scheme for Gray Scale Images based on Intensity Division", International Journal of Current Engineering and Technology, Volume4, No.1,P-ISSN 2347 - 5161 pp.211-215, fevereiro de 2014

MIX
Papier aus verantwortungsvollen Quellen
Paper from responsible sources
FSC® C105338

Printed by Books on Demand GmbH, Norderstedt / Germany